TABu
Autobiografische Fragmente
Band 1

TABu

AUTOBIOGRAFISCHE FRAGMENTE

WIE ES IST, WENN DAS ICH ZERFÄLLT –
UND SICH NEU FORMT

Bibliografische Information der Deutschen Nationalbibliothek: Die Deutsche Nationalbibliothek verzeichnet diese Publikation in der Deutschen Nationalbibliografie; detaillierte bibliografische Daten sind im Internet über http://dnb.dnb.de abrufbar.

Die automatisierte Analyse des Werkes, um daraus Informationen insbesondere über Muster, Trends und Korrelationen gemäß §44b UrhG („Text und Data Mining") zu gewinnen, ist untersagt.

Verlag: BoD · Books on Demand GmbH, Überseering 33, 22297 Hamburg, bod@bod.de

Druck: Libri Plureos GmbH, Friedensallee 273, 22763 Hamburg

ISBN: 978-3-7693-5619-9

Inhaltsverzeichnis

Kap.0 - Das Vorwort

In diesem Buch möchte ich euch einen Einblick in mein
Leben geben. Ein Leben, welches seit etwa acht Jahren
von Ängsten geprägt zu sein scheint. Zu sein scheint, da
mehrere behandelnde Fachärzte auch unterschiedliche
Diagnosen oder Verdachtsdiagnosen attestierten.
„Mein Leben mit der Angst", angedachter Titel dieses
Buches, spräche für sich. „(M)ein Leben rund um die
Angst" sollte es ursprünglich heißen. Das würde der zentralen Rolle der Angst gerechter werden. Schlussendlich
entschied ich mich dennoch dagegen. Nicht um den vorherigen Gedanken zu verwerfen, sondern auch um meine
aktive Herangehensweise im Umgang mit der Angst ein-
fließen zu lassen.
„Die Angst" – eine äußerst oberflächliche Kategorisie-
rung nebenbei bemerkt, nimmt so enorm viel Platz ein,
sodass „Die Angst…und ich" auch völlig losgelöst voneinander betrachtet werden könnten.

Aber, wie das manchmal so ist, bekam es schließlich einen
völlig anderen Titel. Einen Titel, welcher meines Erachtens sehr gut passt - denn, es geht um so viel mehr als nur
die Angst an sich.

Bevor ich es vergesse, möchte ich kurz erläutern, wann
und wie dieses Buch entstand. Angefangen hat es während einer Tiefphase. Ich begann damit, schlechte Zustände zu notieren, wie ein kleines Gesundheitstagebuch.
Ja, Gesundheitsbuch, nicht Krankenakte - hat etwas mit
der positiven Verklausulierung zu tun. Aus diesen Stich-
punkten wurden dann wunderweise vollständige Sätze

und Erzählungen, welche dieses Buch nun formen. Ich hatte weder den Plan noch einen Gedanken daran, selbst zu schreiben. Denn, wer mich kennt, weiß, dass ich Bücher schön finde, aber auch nur wegen der vielen bunten Covers. Ehrlich gestanden, habe ich genau ein Buch, ein einziges von vorne bis hinten gelesen. Und nein, das war nicht die Lektüre für die Abschlussprüfung in Deutsch! Nicht einmal die habe ich vollständig gelesen. Bücher anfangen oder bestimmte Kapitel, Artikel oder Stellungnahmen lesen tue ich sehr gerne. Kurz, prägnant und auf den Punkt gebracht. Deshalb wundere ich mich selbst, woher diese Formulierungskünste kommen und bin gespannt wie ein Flitzebogen, was hier am Ende herauskommt.

Ein wichtiger Hinweis noch an dieser Stelle, ich neige zu Sprüngen zwischen gewisser Themen – sowohl im bilateralen Austausch als auch hier. Das ist meine Art und Weise, ich hoffe ihr könnt mir trotzdem gut folgen.

Es handelt sich hier also um eine Autobiografie, wie ich lernen durfte. Die Erzählung meiner eigenen Geschichte. „Küchenpsychologie" at its best, ohne wissenschaftlich fundiertes Fachwissen. Zitate kennzeichne ich natürlich, wie erlernt. Jedoch werden auch verkürzte Wiedergaben auftauchen. Welche entweder aus dem „World Wide Web" stammen, wo „wide" wohl das interessanteste Wort ist. Denn wir wissen wohl alle, was nicht alles gefunden werden kann. Manches wurde auch „einfach" von mir gehört oder gelesen. Das meiste jedoch, ist auf Erfahrungen zurückzuführen.

Disclaimer:

Es geht um die Geschichte, nicht um die Grammatik. Also falls dir etwas auffällt
oder nicht gefällt, nimm dir 'nen schwarzen Stift und mal es rein –

ich finde es perfekt!

Ebenfalls ChatGPT (von OpenAI) kam während seiner/ihren/dessen Mitwirkung bezüglich Cover und Inspirationshilfen an seine/ihre/dessen Grenzen –
ergo: „Quelle / Mitwirkung genannt."

Kap.1 - Die Angst

Meine erste direkte harte Konfrontation mit der Angst, wenn man es so nennen möchte, hatte ich mit 26 Jahren. Heute bin ich 34, also ein Kind der 90er und Teil der Generation Y. Warum ich das erwähne, liegt daran, dass ich die Gesellschaft als elementaren Bestandteil sehe. Das „Ich, Über-Ich und das Es" nach Freud ist den Meisten ein Begriff.

Es fiel also der erste, aber alles entscheidende Dominostein, welcher alles ins Rollen brachte. Ich hatte Jahre zuvor eine Situation erlebt, welche diese Attacke wohl noch befeuerte. Mir ist als Kind ein Eiswürfel in den Rachen gerutscht, welcher dann durch „meine Retterin" kurzerhand herausgezogen wurde. Das damals, war eine vollkommen nachvollziehbare Situation mit all deren Facetten. Die erste durchlebte Panikattacke hingegen nicht. Also setze ich mich, Jahre später, mit der wohl wichtigsten Frage auseinander. Warum?

„Die Angst" gibt es nicht, zumindest nicht bei genauerer Betrachtung. Angst ist ein Überbegriff, ein Sammler, eine Definition für etwas sehr Großes. Um dies zu verdeutlichen, habe ich „den Bruch" gewählt. Nein, wir machen nun keine Mathematik, denn im Fach Mathe konnte ich irgendwann, meist nur mit Anwesenheit glänzen – zumindest in der weiterführenden Schule. Es gibt verschiedene Varianten von Knochenbrüchen einerseits, aber auch unzählige Knochen welche brechen können. Die wohl signifikantesten Unterschiede: Brüche können visuell dargestellt werden und eine Behandlung ist für Dritte meist klar sicht- und zuordenbar. Allein dadurch hast du das Mitgefühl deiner Mitmenschen sicher auf deiner Seite. Denn, es ist offensichtlich, dass du leidest und gehandikapt bist. Somit wiederum, die Akzeptanz und Hilfe der Bevölkerung in manchen Situationen hilfreich sein kann. Ich wüsste nicht, unabhängig von einer grundlegenden Respektfrage und abgesehen von Knigge, ob einem psychisch Erkrankten absichtlich die Tür mit einem Lächeln aufgehalten wird. Etwa ein einladendes, aber unausgesprochenes „Komm rein, wir sind gar nicht so schlimm. Du kannst deine Ängste und Bedenken, hier und heute, positiv überschreiben."

Es heißt, dass heute circa fünf Prozent des Gehirns verstanden werden können. Wörtlich: „Etwa fünf Prozent des Gehirns, glauben sie bisher verstanden zu haben."[1] Und genau hier kommt die Gesellschaft bereits das zweite Mal ins Spiel! Plakativ gesagt, sprechen wir von einem Leiden, welches weder sichtbar noch visuell darstellbar ist. Es gibt kein Röntgen- oder MRT Bild unseres Gehirns, wo irgendwo „Angst" draufsteht. Hinzu kommt die „Neuheit" dieser Leiden, welche in den letzten Jahren rasant an Fahrt aufgenommen hat. Viele hatten während oder nach der Pandemie Berührungspunkte mit dieser Thematik. Eventuell sogar bei ihren Kindern oder Enkeln. Spätestens dann werden viele hellhörig. Aber, erzähl mal der Kriegsgeneration „Generation Silent" oder manchen der „Boomer Generation" etwas über seelische Leiden der heutigen Zeit. Stress bei der Arbeit und die Schnelligkeit des heutigen Lebens dürften noch auf Verständnis treffen, aber ich bin überzeugt davon, dass

---

[1] „Welt ohne Worte: Geheimnis Gehirn", Spiegel.de

ansonsten sehr wenig Zuspruch und Verständnis da ist. Ist in Anbetracht der Tatsache eines überlebten Krieges und der darauffolgenden Gefangenschaft auch kein Wunder. Denn weder sichtbar, vergleichbar oder visuell nachvollziehbar. Und, ganz wichtig, wenig begründbar und erklärbar.

Aber, um nicht zu negativ zu werden, sollte man erwähnen oder gar hervorheben, dass die Akzeptanz in der Bevölkerung stetig steigt. Natürlich und zwangsläufig durch die steigenden Fallzahlen, aber auch durch mehr Berührungspunkte wie beispielsweise erkrankte Angehörige, Freunde, Partner oder auch Kollegen.

Kap.2 - D-Day

„Somit fiel der alles aber entscheidende Dominostein." Wie bereits kurz angerissen, wurde ich also mit 26 Jahren das erste Mal hart überrascht. Die Situation sowie Ort und Stelle der ersten Attacke ist etwas so Prägnantes, sodass dies auch nach Jahren immer noch eins zu eins wiedergegeben werden kann. Das geht wohl fast allen Patienten so.

Ich ging also in den Keller, wurde freundlich »nicht« darum gebeten die Wäsche mit aufzuhängen. Auf dem Weg dorthin vernahm ich bereits ein Drücken oder Stechen in der Brust, Kloß im Hals und Angst zu wenig Luft zu bekommen. Dann, just in diesem Moment übernahm die Angst die Hauptrolle und hatte alle Zügel in der Hand. Panik… was passiert hier? Was geschieht als Nächstes? Muss ich nun ersticken? Was drückt mit so brachialer Gewalt auf meinen Brustkorb? Schmerzen, Schweißausbrüche, Herzrasen, Kurzatmigkeit, Kontrollverlust, Überlebensinstinkt und auch Todesangst. Ein Wechselbad der Gefühle.

» Während ich das so erzähle, klingt es gar nicht mal sooo schlimm. Aber das lässt sich außerhalb einer solchen Situation, nach mehreren Attacken in verschiedensten Situationen leicht sagen! «

Eine solche Notlage zu umschreiben und zu schildern, sodass es für „Normalos" verständlich ist, ist sehr schwer. Lasst es mich dennoch versuchen:

1. Erinnere dich an dein größtes Lampenfieber, die Aufgeregtheit und das extrem angespannte Körpergefühl. Das Beben und Humoren tief in dir, die zittrigen Beine, den trockenen Mund, den Kloß im Hals, die Enge in der Brust, den rasenden Puls und das pochende Gefühl am ganzen Körper. Den hämmernden Herzschlag in deinen Ohren und das Gefühl von Machtlosigkeit und Kontrollverlust.

2. Nun erinnere dich an das Gefühl, um Luft zu ringen. Jemand hat dich im Würgegriff und du kannst dich nicht wehren oder befreien. Dein Körper befindet sich in einem maximalen Ausnahmezustand – du, du befindest dich in einem Ausnahmezustand.

3. Rufe das für dich schlimmste und verletzendste Gefühl, was du je aushalten musstest, ins Gedächtnis. Das Gefühl der Angst, Angst davor, dass dir etwas Schlimmes passieren könnte. Die Angst, verletzt zu werden, traurig zu sein, leiden zu müssen, attackiert oder angegriffen zu werden, wenn man zur falschen Zeit am falschen Ort ist. Das Gefühl gefangen zu sein, nicht flüchten zu können, hilflos oder gar wehrlos zu sein und auf dich allein gestellt zu sein. Allein zu sein, allein gegen die Übermacht auf der anderen Seite.

Ein rasantes und vermeintlich unaufhaltbares Wechselbad der Gefühle. Und stets mit dabei, in der Oscar-nominierten Hauptrolle: *» Trommelwirbel - „Die Angst, meine Damen und Herren!" Wie die Gurke auf dem Cheeseburger, ständig dabei, ohne wirklich gewollt zu sein.*
Eine ziemlich bekannte Floskel, wie ich meine!«

Da ich gerade einen Cheeseburger auf der Bühne der Oscar-Preisverleihung vor Augen habe, *» recht amüsant «* bleibe ich bei dem Cheeseburger, um mein nächstes Kapitel einzuleiten.

Ganz plakativ und super visualisierbar. Wir kennen es wohl alle - die Fahrt zum Fastfood Restaurant. Nun stellen wir uns einmal folgendes vor: Bereits beim ersten Gedanken an die Fahrt zum Drive-In machst du dir ständig Gedanken. Nicht etwa an das Menü, welches du dir gönnen wirst. Sondern ob du trotz der Änderung bei der Bestellung eine Gurke auf dem Burger haben wirst. Ganz banal, eigentlich. Aber sehr gut zu veranschaulichen. Ein permanenter Gedanke, welcher stets präsent aber dennoch im Hintergrund bleibt. Du weißt, beziehungsweise realisierst nicht, dass es um die olle Gurke auf dem Burger geht. Dies nun hochskaliert ergibt eine Mischung aus Anspannung, Unbehagen, Stress und Aufgeregtheit. Nun gibt es zwei offensichtliche Möglichkeiten - Gurke drauf? Ja oder nein, Bestätigung oder Widerspruch. Falls ja, wird es ganz offensichtlich zu einer Befeuerung kommen. Sollte in dieser gesamten Situation etwas zusätzlich Negatives aufgetreten sein, wiegt dies nochmals schwerer. Aber auch wenn du eine positive Erfahrung machen solltest, bedeutet dies keine Heilung. Denn wir sprechen nun von der Angst vor der Angst. Trotz des schlussendlich positiven Resultats verbindest du die Gedanken, den Stress, die Unruhe und all dies mit der Situation. Also ist es ein Leichtes, etwas Negatives aus dieser Situation mitzunehmen und das auch dementsprechend abzuspeichern.

Kap.3 - Die Angst vor der Angst

Angst, Angst davor,

*» 4-mal Angst geschrieben, ohne den ersten Satz beendet zu haben —
erschreckend! Im wahrsten Sinne. «*

dass es wieder passieren könnte. Und nein, nun reden wir
nicht mehr über das Gürkchen auf dem Cheesi!
Denn das ist direkt beeinfluss-, veränder- und eleminier-
bar.

» Gürkchen drauf → Fenster auf! «

Somit hätten wir das schonmal erledigt.
Grundsätzlich kann man sehr vieles durch sein Tun und
Handeln beeinflussen, auch das Mindset kann trainiert
werden. Jedoch ist das harte Arbeit. Täglich, immer und
überall. Man entscheidet sich nicht einmal und danach ist
es „easy peasy" wiederholbar.

» Fehlanzeige! «

Mir persönlich gibt es kurzzeitig ein gutes Gefühl. Man
freut sich über Dinge, welche für „Normalos" völlig un-
bedeutend sind. De facto sprechen wir hier über unbe-
schwert einkaufen gehen zu können. Zum Frisör, oder
einfach „nur" vor die Tür gehen zu können. Ich selbst
hatte stets das Glück, immer aus dem Bett aufstehen zu

können und das lebensnotwendige selbst erledigen zu
können. Ohne die Strapazen näher beschrieben zu haben!
Anderen ist dies nicht gegönnt. Klar stellt man sich die
Frage, was hat das „Aufstehen" nun mit Ängsten, gerade
in den eigenen vier Wänden zu tun? Eine Angststörung
und eine Depression gehen oft Hand in Hand, die Symptome sind sehr ähnlich und das eine begünstigt das andere.

Kap.4 - Das tägliche Leben… oder was davon noch übrig ist

Unabhängig von zuvor erwähnten Zusammenhängen, habe ich selbst mehrfach die Erfahrung gemacht, dass dich eine nicht oder falsch behandelte Angststörung auf kurz oder lang in die Knie zwingt. Wenn man sich vor Augen führt, dass extrem harte Arbeit und permanenter Stress die Grundvoraussetzung für ein „normales" Leben sind, ist eine stetig wachsende Vermeidungsstrategie mehr als nur nachvollziehbar. Rein objektiv betrachtet, kann das auf Dauer nicht gut sein. Soziale Isolation, Rückzug aus der Gesellschaft, Vermeidung von Aktivitäten welche nicht unbedingt notwendig sind, et cetera. Es gibt Verhaltensweisen oder Muster, welche mir bereits mehrfach begegnet sind. Also mit begegnet meine ich Muster, welche ich bei mir selbst beobachtet habe und dies mehrfach.
Man kann diese Muster durchbrechen, aber zu welchem Preis…?

Schlaue Leute sagen: „Mach doch einfach!" Oder raten dir zu einer Selbsthilfegruppe oder Kliniken: „Geh doch da mal hin."

» ÄHM, JA! Nett und gut gemeint, aber SETZEN 6! Plus Eintrag im Klassenbuch wegen übergriffigen Verhaltens! «

Ich erzähle euch auch warum. Also…

Du befindest dich in einer Situation, aus der du dich selbst, ganz offensichtlich, nicht durch eigene Kraft oder Willen herausziehen kannst. Denn wäre dies so, würden wir überhaupt nicht darüber sprechen. „Ohne Fleiß, kein Preis" oder „Ohne Mampf, kein Kampf" – ja, super Floskeln, klasse Ideen, bringt dir nur überhaupt nichts. Denn, es ist ja nicht so, dass du nicht wollen würdest. Ganz im Gegenteil! Du sehnst dich danach, dass dir endlich jemand die ständige Last von den Schultern nimmt. Du gedankenlos und losgelöst tun und lassen kannst, was du willst. Du leidest, du leidest so sehr unter all diesen Umständen. Gerade weil du dich selbst nicht in der Lage siehst, zu agieren. Das kommt ja noch erschwerend hinzu – das alles macht etwas mit dir. Du fühlst dich schwach, nutzlos, als nicht funktionierendes Teilchen der Gesellschaft, als Belastung für Freunde, Familie und Kollegen. Und genau in diesem Zustand, mit diesem Gedankenkarussell im Kopf, bekommst du Tipps wie „Mach doch einfach!" Just in diesem Moment, fühlte ich mich mit all meinen Leiden so hart und direkt konfrontiert, sodass der gut gemeinte Rat genau das Gegenteil bewirkte und alles noch schlimmer gemacht hat. Eine Bestätigung, dass du definitiv nicht normal bist. Eine Befeuerung der Gedanken und vor allem der Gefühle, welche dich sowieso schon so extrem herunterziehen. Omnipräsenz!

» Ein tolles Wort, nicht wahr? «

Idealerweise wird aus dieser omnipräsenten Rolle, also einem Leben rund um die Angst, ein Leben mit der Angst.

Acht Jahre! Bei mir dauerte es acht Jahre, um an diesen Punkt zu kommen. Nach acht Jahren bin ich bereit, der Angst ihre Rolle zuzugestehen. So wie ich hier sitze kann ich sagen, ich habe eine Akzeptanz und ein Bewusstsein geschaffen, was von großer Bedeutung ist. Ich neigte dazu, meine Probleme zu ignorieren und zu leugnen. Nach der ersten Attacke hoffte ich, es wäre eine einmalige Sache gewesen. Nach Folgeattacken hoffte ich auf „Heilung" durch eine Verhaltenstherapie.

Ich habe mich Tage, Wochen, sogar monatelang gegen Medikamente gewehrt. Ich wollte mir nicht eingestehen, psychisch erkrankt zu sein.
„Ich hatte diese Probleme ja nicht schon immer!"

Ich entschied mich also für eine begleitende medikamentöse Behandlung. Aus der Not heraus, versteht sich. Vor allem aufgrund anhaltender Beschwerden und wiederkehrender Attacken. Aber auch, weil ich Angst hatte, meine kürzlich angetretene schulische Weiterbildung nicht durchziehen zu können. Denn erschwerend kam hinzu, dass ich entschieden hatte, das Monteur sein aufzugeben, um mich dem nächsten Schritt meiner Karriere zu widmen. Zwei Jahre Schulbank drücken. Zwei Jahre zurück in die Schule, wiedereingliedern in eine Klasse verschiedenster Charaktere. Anpassen und unterordnen. Also eine Kehrtwende mit vollem Wind in den Segeln. Von einem selbstbestimmten, kontrollierten, anstrengenden, aber trotzdem unbeschwerten Monteurleben mit gefühlt allen Freiheiten und Möglichkeiten dieser Welt - zum Schüler mit staatlicher Förderung. Von Ehrgeiz, Leistungsdruck und Versagensängsten getrieben, entschied ich mich also für Medikamente. Schließlich wollte ich funktionieren, belastbar sein und Höchstleistungen abrufen, um dadurch schlussendlich top Ergebnisse zu erzielen.

Zu diesem Zeitpunkt dachte ich, Pille rein – fertig! ABER…so war es nicht. Wird es übrigens auch nicht sein, um das Wörtchen nie zu vermeiden. Wenn du gut auf ein Medikament ansprichst, es eine Wirkung zeigt, verschlechtert sich dein Zustand erstmals drastisch. Wenn du dachtest es ginge dir schlecht, geht es dir dann richtig schlecht! Und das für Stunden, Tage, ja sogar Wochen. Jede Anpassung oder Veränderung der Dosierung löst etwas aus. Einmal durchgestanden bedeutet keineswegs, dass später keine Probleme mehr auftreten. Psychopharmaka sind eine Unterstützung, aber meist keine Heilmittel.

Und es dauert... es dauert eine gefühlte Ewigkeit. Aber, alles braucht seine Zeit. Auch bis dein Medikament oder deine Mixtur mit der richtigen Dosierung gefunden wird. Eventuell auch eine Zusammensetzung aus mehreren Präparaten. Das Wort „Einstellung" trifft hier mehrfach sehr gut zu. Nicht nur die Einstellung der Medikation, sondern auch die persönliche Einstellung zu den Medikamenten.

Ich befinde mich aktuell in der 4. Phase. Ich clustere meine verschiedenen Medikationsphasen. 2017 angefangen mit Escitalopram. Nebenbei bemerkt, hatte ich meist eine vergleichsweise hohe Dosierung, wenn nicht sogar die Höchstdosis, ohne eine Medikamentenspiegelmessung mit in Betracht zu ziehen. Durch diese Spiegelmessung kann das Maximum nochmals hochgefahren werden, da dies der Nachweis des in deinem Blut befindlichen Wirkstoffs ist.

Nach mehreren Jahren kam ich dann erneut an einen Punkt, an dem scheinbar alles bergab ging. Ich bin überzeugt davon, dass es einen Abwärtstrend gab, ich ihn aber nicht wahrgenommen oder ignoriert hatte. Ich dachte es gehe mir einigermaßen gut, bis scheinbar die Wirkung der Tabletten nachließ. Es erfolgte der Umstieg auf Venlafaxin. Alles in allem zog sich das Prozedere über mehr als drei Monate. Eine Umstellung, welche es in sich hatte! Im zwei bis vier Wochentakt wurde die Dosierung um je 75mg angehoben. Und wir steigerten bis 300mg, nebenbei bemerkt.

Nun, zum Jahreswechsel 2024 / 2025 musste erneut eine Anpassung vorgenommen werden. Hinzu kam, dass ich mich entschlossen hatte, die Ära „Schwaben" hinter mir zu lassen und nach Niederbayern zu ziehen. Ich nahm also meine Hündin, mein Auto, meinen Job und mein ganzes Gerümpel und machte mich auf die Reise.

Mein neuer behandelnder Arzt, quasi vor meiner Wohnungstür, verordnete direkt mal eine Reduktion des Venlafaxins. Ihm erschien die Dosierung viel zu hoch und er untermauerte dies durch seine Eindrücke, die er mir Wochen später mitteilte. Ich sei völlig vollgepumpt gewesen. Zusätzlich verordnete er ein anderes Medikament, in zusätzlich unterstützender Funktion für abends – Mirtazapin. Durch den ausbleibenden Erfolg hinsichtlich der Verbesserung meines Zustandes, entschieden wir uns gemeinsam für einen Austausch der Basismedikation Venlafaxin. Um auf der sicheren Seite zu sein, reduzieren wir nun auf 150mg Venlafaxin und planen den Austausch in zwei Wochen. Wie bereits erwähnt, die Einstellung zählt! Gerade die persönliche Einstellung zu den Medikamenten - auch nach dem gefühlten Scheitern nicht die Hoffnung zu verlieren, auch nicht nach dem vierten Mal!

Wer hierbei eine enorm wichtige Rolle spielt, ist der Arzt. Mein neuer Arzt entscheidet mit mir zusammen. Wir, entscheiden zusammen. Ich habe vollstes Vertrauen in seine Fähigkeiten. Ich fühle mich gehört und verstanden. Unsere Gespräche führen wir auf Augenhöhe. Ein Arzt, der sich weder mit dir noch mit deinen Beschwerden wirklich identifizieren kann, ist für mich persönlich kein guter

Arzt! Ich wurde gefragt, ob die von ihm angedachte Umstellung zu riskant für mich sei und wie ich das sehe. Dies spricht Bände!

Warum ich den Weg mitgehe, auch unabhängig vom behandelnden Arzt? Weil ich möchte, dass es mir gut geht! Denn es scheint einen Unterschied zwischen erträglich und gut zu geben. Aktuell muss ich sagen, dass die Halbierung der Medikation morgens unterstützt durch das Abendpräparat recht angenehm ist. Wider Erwarten versteht sich.

Eine gute Überleitung in den nächsten Abschnitt meines Buches: Risiken und Nebenwirkungen.

Kap.5 - Die Risiken und Nebenwirkungen

Psychopharmaka haben die wohl wildesten Beipackzettel überhaupt. Die meisten kennen Beipackzettel - ellenlange Texte, gespickt mit äußerst interessanten Aspekten. Oder einfach nur nervig, weil sie immer stören, wenn man die Packung öffnet und an die Medikamente möchte.

Klar ist auch, dass hier rechtliche Folgen oder Konsequenzen ausgeschlossen werden sollen. Nichtsdestotrotz sind sie für Angstpatienten "eher" kontraproduktiv. Stell dir vor, du leidest an einer Angststörung und bekommst Medikamente. Als korrekter Patient möchtest du natürlich wissen, was du da nimmst, oder liest dir durch, wie es einzunehmen ist. Ist manchmal auch nicht ganz klar, ob vor oder zum Essen, morgens - mittags - abends - nachts, Wechselwirkungen mit anderen Medikamenten, et cetera.

Dann bist du bereits am Lesen und stolperst über die hervorgehobenen Passagen, wie beispielsweise 1 von 10, 1 von 100 und wirst natürlich neugierig - gerade auf die fettgedruckten Stellen. Soll ja auch genauso sein, …eigentlich.

Ich selbst hatte anfangs so viele Bedenken, dass ich diese Mittelchen "eigentlich" nicht mehr einnehmen wollte. Es schürt deine Angst regelrecht und du achtest von Sekunde 1 der Einnahme auf nichts anderes mehr. Alles, absolut alles wird nur noch auf die Tabletten differenziert. Beziehungsweise auf diese fein gewählten Wörtchen im ominösen Beipackzettel.

Objektiv betrachtet, ist das auch völlig nachvollziehbar. Also, den Fokus auf die Krankheit zu haben. Denn, wir kennen das Gefühl von krank sein und auch den Wunsch nach Genesung.

Der Unterschied jedoch, zu einem offensichtlichen, rein körperlichen Leiden, ist schier unbeschreiblich: Psyche, verankert im Gehirn und somit unsere Hauptsteuereinheit. Das Organ, welches alles reguliert und steuert, ein Leben und Denken erst ermöglicht. Und genau hier scheint es eine Erkrankung zu geben - dessen sollte man sich bewusst sein!
Wenn nun kleine Helferlein für Verbesserung sorgen sollen, schrauben diese kleinen Mainzelmännchen an deiner Steuereinheit herum. Dadurch ist es wohl mehr als verständlich, dass Nebenwirkungen von A bis Z auftreten können. Können, nicht müssen. Ich bin stolz, diese Erkenntnis erlangt zu haben. Denn dadurch wird manches wenigstens ein bisschen erklärbar. Wir erinnern uns an den offensichtlichen Bruch eines Knochens - sichtbar und leicht verständlich, weil wir es sehen und dadurch keinerlei Vorstellungskraft brauchen um 1 & 1 zusammenzuzählen. Das scheint bei uns Menschen eine ganz klare Assoziationskette auszulösen und super zu funktionieren.
In der Psychologie gestaltet sich dies etwas schwieriger, mag ich meinen. Auch aufgrund der "Neuheit" dieser Leiden. Die gesellschaftliche Akzeptanz, wenn man hier von Akzeptanz sprechen kann, ist gering. Aus eigenen Quellen weiß ich, dass du früher entweder völlig bekloppt warst oder du dich nochmals hinlegen durftest, um am nächsten Tag wieder voll funktionsfähig zu sein. Ich habe keine Ahnung, wie die Kriegsgeneration geschafft hat,

damit zu leben. Wäre für mich unvorstellbar, ohne Hilfe. Es scheint, dass die Kriegserfahrung jene Auslöseschwelle so weit nach oben katapultiert hat, dass alles andere als positiv gesehen wurde. Denn alles ist besser als Krieg und Gefangenschaft. Nur so kann ich mir das erklären. Naheliegend, dass beispielsweise dein Work-Life-Balance-Problem nicht ganz so viel Gehör findet.
Aber nicht nur die Gesellschaft sollte aufgeklärt sein, beziehungsweise werden. Das würde es bestimmt vereinfachen, um mit psychosomatischen Themen umzugehen. Das Wichtigste ist die Aufklärung der Patienten und die Nähe zu einem Arzt! Im Idealfall ist der Arzt nicht nur Medizinschrank, sondern auch Pate und Ansprechpartner während dieser schweren Zeit(en). Denn so rational wir hier auch auf Neben- und Wechselwirkungen schauen, wirst du schnell an die Grenzen deines "klaren Verstandes" kommen.

Psychopharmaka wird nachgesagt, dass sie die Gesamtsituation bei der Entfaltung ihrer Wirkung erstmal verschlechtern. Und wir sprechen gerade ausschließlich über kurzzeitige Nebeneffekte während der Einnahmeveränderung, um dies nochmal zu betonen. Nicht dass es das in irgendeiner Art und Weise verbessert, aber ich wollte es nochmals gesagt haben!

Es existieren also Muster. Die Ärzte können dir meist sehr schnell sagen, ob etwas nun "normal beschissen" oder "super beschissen" ist. Ich hoffe, dass diese Aufklärung vorangetrieben werden wird. Ich selbst konnte in der Praxis immer anrufen oder nachfragen, also zusätzlich zu den Regelterminen in 2 bis 4 wöchentlichen Intervallen.

Allerdings musste ich das nicht oft nutzen, da meine Angehörigen und Familienmitglieder teilweise seit Jahrzehnten therapiert werden. Ja, das kann auch mal etwas Positives mit sich bringen.

Ich kenne die persönliche und menschliche Hürde zu dieser Thematik, ja. Aber, wenn man sich öffnet und über sein Leiden spricht, wirst du sehr schnell auf Akzeptanz, Hilfe und Verständnis "Gleichgesinnter" stoßen. Egal was du tust, denke immer daran, du bist nicht allein! Diese Leiden existieren zu genüge, allerdings spricht niemand darüber – fast niemand! Und genau dieses Gefühl gab mir meine Familie. Das Gefühl, nicht allein mit Belastungen, Problemen, einem psychischen Leiden zu sein. Und, dass einem geholfen werden kann.

Es gibt also verschiedene Möglichkeiten, um das Thema anzugehen. Angststörungen sind wohl eines der häufigsten Leiden. Damit stehen dir mehrere Wege offen: Von Gesprächen, über Therapien bis hin zu Spezialkliniken, für die deine „Störung" quasi "daily business" ist. Ich selbst habe viel Zeit gebraucht, mich nicht ständig selbst zu verurteilen.

» Ergo, ich tue es manchmal immer noch. «

Je stärker man dagegen ankämpft, desto schlimmer wird es. Akzeptanz, Einstellung, Selbstliebe - also eher Selbsthass, Offenheit und Kraft. Verdammt viel Kraft. Denn es ist sehr anstrengend, frustrierend, zermürbend und ein Gefühl voller Scham, Probleme mit quasi vielen Dingen zu haben, welche für andere nicht mal einen Gedanken wert sind. Das macht es auch so unverständlich, außer du hast es selbst erlebt. Hinzu kommt eine Überwältigung, welche nur noch in Stress ausartet. Das Stresslevel ist bereits so hoch, dass aus der "Zündschnur" ein "Druckknopf" wird.

» Resilienz adé, auf nimmer Wiedersehen! «

In meinem Fall scheint es so zu sein, dass dieser walnussförmige Wackelpudding (Hirn) stets bedrohliche Signale bekommt oder sie so deutet.

» Bin ja kein Wissenschaftler! Und wenn wir mein Hirn aufschneiden würden, würde es leider nicht mehr ganz so funktionsfähig sein wie davor. Also lassen wir das lieber mal… kopflos, O.K. - hirnlos, definitiv nicht O.K. «

Egal wie es zustande kommt, es führt zu einem ständig anhaltenden Alarmzustand des Körpers. Permanente

Anspannung, extreme Aufmerksamkeit was um einen herum passiert, Fluchtszenarien und Exit-Strategien werden im Sekundentakt durchgespielt und verifiziert. Das ist ein kleiner Teil dessen, was da passiert und was bewusst wahrgenommen werden kann, wenn man nicht in dieser Situation ist und die Tabletten dies nicht unterdrücken oder stark abschwächen.
Schon anstrengend, was da so abläuft.

Später beschäftigen wir uns unter anderem auch mit dem Job, zusätzlich. Denn das zuvor geschriebene, ist ja bereits Dauerzustand. Ein Dauerzustand in variabler Stärke, aber... Dauerzustand!

Ich sprach bereits von vielen Dingen…

» …ja, ich habe euch gewarnt, ich springe gerne! Und falls du das hier so liest wie ich das Meiste, wirst auch du vor und zurück springen (müssen)! «

Explizit meine ich: „Es scheint einen Unterschied zwischen erträglich und gut zu geben." und „Ich hatte das ja nicht schon immer!"

Ich stelle mir selbst, hier und jetzt, die Frage:
„Woher weißt du das?"

Ich nehme diesen Ball gerade nochmals auf, da wir von Dauerzuständen reden. Wer kann widerlegen, dass ich

nicht schon seit Jahrzehnten Vermeidungs- und Bewältigungsstrategien entwickelt und gelebt habe?
Wer kann beurteilen, ob ich mich vielleicht nach und nach, an immer mehr Leidensdruck gewöhnt habe? Klar, natürlich nur bis zu einem gewissen Punkt - bis zum unvermeidlichen und offensichtlichen Kollaps.
Wenn ich es nicht beurteilen kann, bin ich gespannt, ob es überhaupt jemand kann!

Egal wie es nun zustande kam, die Situation ist da. Da ein Leben ohne Geld nicht funktioniert und ich meine Weiterbildung ganz gewiss nicht aus Langeweile gemacht habe, betrachten wir mal diesen Bereich: Arbeit.
Den Job, die Firma, die Kollegen, die Karriere…

» Wobei mein Weg, für mich, nicht wirklich als Karriere zählt. Bei Karriere denke ich an etwas Großes, etwas wirklich GROSSES, einen Durchbruch - nicht an stetige Weiterentwicklung! Aber, was ja nicht ist - könnte ja noch werden, auch wenn es nur das Mindset ist.«

Zusätzlich würde ich gerne noch etwas Wichtiges vorausschießen, "spoilern" sagt man neudeutsch.
Ich wage zu behaupten, dass ich aufgrund meines Charakters und meiner Prägung, "der Kämpfer" laut Archetypentest, stark in die Workaholic - Richtung tendiere. Diese Charaktereigenschaften, gepaart mit diversen Ängsten, wie beispielsweise Perfektionismus aus Angst vor Fehlern oder Kritik, machen es zu einer ganz besonders explosiven Mischung! Vielleicht auch exklusiv, aber vor allem explosiv. Dazu kommt dieser extreme Ehrgeiz, die Leistungsorientierung, die Loyalität und Sympathie

gegenüber dem Arbeitgeber und den Kollegen, sowie meine eigene Erwartungshaltung - die wohl alles übersteigt!

Ich denke es wurde bereits klar, wie explosiv und toxisch diese Mischung sein kann, mit der falschen Dosierung. Und all das, ohne Zündschnur.

Ich bin seit vielen Jahren im Maschinen- und Anlagenbau tätig. Von der gewerblichen Ausbildung zum Konstruktionsmechaniker, bis hin zum Montageprojektleiter - dem wohl zweithöchsten Posten innerhalb eines Projektteams während einer Projektabwicklung. Man könnte dies als eine Art Fachlaufbahn titulieren.

Mein Trumpf, meine aktive Baustellenzeit vom Jungmonteur alias "Junior Supervisor" bis hin zum "Interim Bauleiter/Baustellenleiter".
Trotz all dieser Kenntnisse, oder gar wegen dieser Fähigkeiten ist es wohl einer der, oder der stressigste Job im Projekt. Fluch und Segen zugleich. Aber das wollte ich so und ich mache meinen Job grundsätzlich gerne.

» Grundsätzlich, ein Wörtchen wie eigentlich. Und un-eigentlich ? Lasse ich hier mal offen. «

Grundsätzlich, klar, auch weil man gut verdient. Es wäre schlichtweg gelogen es anders zu schreiben.
Es gibt Situationen welche herausfordernd, aber stets zu bewältigen sind - ganz normal also, bisher. Richtig anstrengend und zermürbend wird es, wenn diese machtlos Momente auftreten. Und hier sprechen wir nicht über "Major-Fuck-Up's" wie ich zu sagen pflege.

Kurze Erklärung: Damit meine ich ein zum Beispiel als Ausschuss deklariertes Bauteil, welches sechs Monate Liefer- und Fertigungszeit benötigt.

Ich spreche von vielen kleinen bis mittelgroßen "Störgeräuschen" rund um das Management der Montage auf der Baustelle - also meinem Hoheitsgebiet. Viele kleine, supernervige Themen, welche zu 95 Prozent ausschließlich durch Dritte erledigt werden müssen. Aber, die Montage, somit auch ich, sind das Gesicht der Baustelle und bekommen natürlich alles serviert. Man, also andere, könnten sich darüber freuen uns als Schutzschild und Filter zu haben, sollten unseren "Wünschen, Anfragen, etc." dann aber auch nachkommen. Diese beispielhaften Punkte sind Stressoren, welche von morgens bis abends auf dich einprasseln. Jeder nimmt diese allerdings anders wahr und geht dementsprechend auch anders damit um. Wenn du nun schon einen Stresslevel hast, welcher grundsätzlich schon "voll drüber" ist, weil du eben so sehr mit dir selbst beschäftigt bist, kann man sich den Ausgang denken...
Der völlige Zusammenbruch und die dadurch erzwungene Kapitulation.

» Aktuell befinde ich mich bereits in der 2. Kapitulation. Und wer mich kennt, weiß, dass Aufgeben nie eine Option war. Aber, in diesem Falle hat hoffentlich die Vernunft gesiegt!

Wer nichts anders macht, sollte auch nicht mit einem anderen Ausgang rechnen! «

Es gab rückwirkend betrachtet mehrere Signale, die eindeutig Vorboten waren. Die nimmt man wahr, aber unterdrückt sie. "Nur Versager und Schwächlinge geben auf, weitermachen!" Auch ein regelrechtes Ertränken hat nicht funktioniert... aber, man trinkt trotzdem! Alkohol als Mittel zum Zweck, um all das, was auf einen einprasselt in dessen Wirkung zu mildern. Schön wär's!

Ich habe also versucht, eine vorübergehende, gefühlte Resilienz zu erzeugen. Kurzfristig hat das auch funktioniert. Und auch daran kann man sich gewöhnen - bis es dich komplett aushebelt. Auf dem Weg dorthin war mir Alkohol als Mittel recht, um meine Funktion wenigstens über Stunden sicherstellen zu können. Der Alkohol half dabei Stress zu reduzieren.

Jeder kennt diese Wirkung, dieses leichte geschmeidige "Leck mich am Arsch" Gefühl, dass da zum Vorschein kommt. Das war dann aber auch schon das einzig Positive daran. Ansonsten wirkt der Alkohol destabilisierend - zumindest empfinde ich das oftmals so, auf lange Sicht gesehen. Allerdings kommt es auch auf die Tagesform an, wie sich der Alkohol auswirkt. Aber, egal wie man es dreht und wendet, es stellt eine Art Missbrauch dar und verschlimmert die gesamte Situation! Und nein, du kannst das situative Verlangen nicht unterbinden. Falls du versuchst zu verstecken, was man natürlicherweise tut, staust du dieses Verlangen auf. Es wächst, wird größer und größer.

Mir war schon bewusst, dass das ein Problem ist. Auch, dass das keine Zukunft haben kann - du kannst es aber nicht steuern! Du kannst ein wenig lenken, um die Konfrontationen und Crashs zu verringern - das ist aber auch nicht immer der Fall.

Gut ist, dass ich neben Zigaretten und Alkohol nicht mehr Substanzen durch habe - also abgesehen von den Substanzen, die da zu bunten Smarties gepresst werden und einen Beipackzettel bekommen.

Ebenfalls positiv, egal wie abgedroschen das nun klingen mag, ist die Angststörung. Es haben die meisten, Punkt eins. Zweitens: Ich habe viel zu viel Angst vor dem Sterben und dem Tod. Daher bin ich bis heute, toi toi toi, von sämtlichen Suizidwünschen und Plänen verschont geblieben. Ich sage nicht, dass ich niemals über das Leben und den Tod nachdenke oder gedacht habe, aber in einem ganz anderen Zusammenhang.

» WICHTIG !

Hört am Ende dieses Kapitels nicht auf zu lesen! Innehalten, Gedanken sammeln und zumindest die ersten 2 Seiten des nächsten Kapitels lesen! Es hat nur knapp über 3 Seiten, also lies es dann gefälligst auch ganz.

Offensichtlich hat dieses Buch irgendwie den Weg zu dir gefunden. Denn, wie erwähnt, ich hatte nie den Plan oder gar die Idee ein Buch zu schreiben. Aus Notizen wurden Emotionen, aus Emotionen wurden Texte und aus diesen einzelnen Texten wurde das hier. Aber, wenn ich "das hier" bereits mache, kann ich "diesem hier" auch etwas geben, was Dir helfen kann und hoffentlich auch wird !

Zurück zum Thema :

Falls es Dir anders gehen sollte, und nein, ich rede
nicht von diesem Buch, sondern von Suizid !

Bitte behalte es nicht für Dich...

Also du brauchst dir kein Schild malen wo das drauf
steht, aber lass es raus, irgendwie...

Ich bin überzeugt davon, also nicht vorgespielt sondern wirklich überzeugt, dass Ärzte und Klinikperso-
nal Mittelchen parat haben, welche Dir die gefühlt
unerträgliche Last von den Schultern nehmen
können. Und nein, nicht im Sinne von erlösen, sondern im Sinne von helfen !

Und wenn du diese enorme Stärke bis jetzt bewiesen
hast, auf diesem unheimlich langen Leidensweg, ist
es Zeit, anderen aufzubürden dir zu helfen.

Nicht den Freunden und der Familie, die man
gefühlt sowieso zu viel beansprucht, belästigt oder
enttäuscht. Sondern Fachpersonal, deren Aufgabe
und Passion genau dies ist !

Du hast es bis hier geschafft,
du wirst auch den weiteren Weg meistern !!!

Und hier,
an dieser Stelle,
nehmen wir uns nun die Zeit,
um an die Menschen zu denken,
welche zu früh von uns gegangen sind… «

Kap.6 - Die Last und das Leiden

Durch den erneuten Zusammenbruch meines Systems, setze ich mich natürlich mit meinem Leiden auseinander. Das ist weder schön noch einfach. Wie anfangs geschrieben, räume ich meinem Leiden, meiner "Störung", meiner Krankheit viel mehr Platz ein. Ich setze mich sehr bewusst mit einschneidenden Erlebnissen auseinander. Nicht falsch verstehen, ich suhle mich nicht in meinen Problemen… oder doch? Ähnliche Gedanken kommen immer wieder hoch. Gerade an schlechten Tagen sind sie äußerst prägnant. So wie heute. Ich sitze hier und frage mich, was ich hier eigentlich mache?

Ich schreibe bereits seit Stunden.
Ist das normal?
Bin ich normal?
Was bringt das überhaupt?

Ich komme mir gerade sogar lächerlich vor! Das passt absolut nicht zu den Anforderungen und Erwartungen, welche ich an mich selbst habe, geschweige denn zu den mir bekannten Erwartungen der Gesellschaft!
Was denken wohl andere darüber, welche Tag für Tag weiterackern und mich womöglich noch vertreten müssen?
Sehr schnell verfalle ich nun in diesen negativ behafteten „Anklagemodus" und befrage mich quasi selbst. Vorstellen kann man sich das Ganze wie ein brutales Kreuzverhör, bei dem ausschließlich geschlossene Suggestivfragen auf mich einprasseln: Bist du nicht auch der Meinung,

dass du eigentlich eine Aufgabe hättest? Denkst du nicht, dass du deine Kollegen endlich wieder entlasten solltest? Während ich mich regelrecht selbst auseinandernehme, sinkt die Meinung über mich selbst von den noch übrig gebliebenen mickrigen Pluspunkten so weit, sodass Verachtung noch das netteste Gefühl ist. Ich fühle mich gerade so schlecht, dass ich nicht mal weiter schreibe… der Verdruss ist einfach zu groß. Das Gedankenkarussell unaufhaltsam.

Einen Tag später ist die Lage nicht arg viel besser. Bis zuletzt empfand ich die Gesamtsituation als ganz passabel, auch bei Reduktion der Dosis. Allerdings scheint sich die Veränderung nun bemerkbar zu machen. Dieses unbeständige und variable situative Be- und Empfinden trägt schlussendlich auch dazu bei, dass du weder etwas zusagst - noch ablehnst. All das, trotz der existierenden Wünsche und Träume. Im letztlich beschriebenen Zustand sehnst du dich nur noch nach Normalität. Normalität der Gedanken, der Gefühle, der Ängste, des Wohlbefindens und bei den Belastungen.

Irgendwo habe ich ja bereits von dieser Mixtur in der Symptomatik bei Ängsten & Depressionen gesprochen. Die von mir live reportete Lage zu Beginn dieses Kapitels, schwelt permanent und bildet die wohl einzige Konstante. Somit ist die Grundvoraussetzung, dass dieser Schwelbrand zu einem Inferno wird, immer da. Nun fehlt nur noch das gewisse Extra - das Topping, die kleine aber viel zu süße Kirsche auf dem Sahnehäubchen oder die verdammte Gurke! In dieser Situation ist es völlig surreal zu denken, man könne zwischen angst- und depressionsgetriebenen Auslösern unterscheiden. Noch viel abstruser ist der Gedanke, man könne selektieren, analysieren und reagieren. Deiner Wahrnehmung und deinem Empfinden ist es völlig egal, wer oder was das berühmte Öl ins Feuer gießt. Zuallererst wirst du knallhart damit konfrontiert. Wenn man sich dieses Feuerinferno vorstellt, ist der erste Gedanke meist nicht: „Was kann ich tun?", oder ähnliches. Falls du nicht in Schockstarre verfällst, greift in erster Linie der Schutz- und Fluchtinstinkt. „Bring dich in Sicherheit!" Genau dieses Verhalten habe ich bei mir selbst sehr oft beobachtet, allerdings ohne, dass etwas brannte.

Spinnenphobiker,

» Falls es dieses Wort gibt? Falls nicht, habe ich es eigenständig erfunden respektive zusammengesetzt !«

denken im ersten Moment bestimmt nicht: „Diese Vogelspinne sollte besser eine Tarantel sein!" Sie gewinnen erstmal Abstand, schön beschrieben, also, sie nehmen die Beine in die Hand und flüchten. Das Gleiche passiert bei einer Angststörung. Allerdings mit einem "kleinen" Unterschied: Ich halte es für etwas völlig anderes!

Phobien gibt es in verschiedensten Formen, das ist erstmal gleich. Und ich möchte betonen, dass ich hier weder urteile oder bewerte, welche Angst nun schlimmer ist! Ganz und gar nicht! Angst $\approx$ Angst.
Anzumerken ist jedoch, dass die Eingrenzung der Auslöser, der Stressoren, auch die Häufigkeit sehr contraire zu

meiner Situation ist. Allein zu wissen, wovor man sich genau fürchtet, sehe ich als Benefit.

Da die Gesellschaft, nach wie vor, eine große Rolle spielt, sehe ich hierbei ebenfalls etwas Positives. Denn Angst vor Spinnen, Höhenangst oder vergleichbare Phobien sind weitaus greifbarer für den Laien. Mit anderen Angststörungen muss man sich schon ernsthaft auseinandersetzen, um Wissen und auch Verständnis zu erlangen. Genau das, werde ich jetzt auch tun. Versuchen, Verständnis zu erlangen.

Mein Leiden trägt stand heute also den Namen "Generalisierte Angststörung" - auch bekannt als "die Sorgenkrankheit." Übrigens, ICD F41.1 – falls es dich interessiert.

Kap.7 - Das „Wieso, weshalb, warum…"

Die Sorgenkrankheit also… Nun befasse ich mich also erneut mit einem Verdacht oder einer Diagnose.

» Steht übrigens hinter dem ICD-Code! Also, stand da, als es das noch als Papierchen gab. Ich weiß zwar nicht, wo der Unterschied in der richterlichen Ansichtsweise liegen würde, aber lassen wir das… «

Also, Richterlichkeit hin oder her, nicht das erste Mal, dass ich mich mit spezifischen Angsterkrankungen auseinandersetze.

»Das World-Wide-Web (www) spuckt schon einiges aus. Neuerdings sogar mithilfe von KI. Die übrigens auch mithelfen durfte(n), dieses Prachtexemplar zu gestalten…«

Also, neu Booten nach diesem Ausflug: Es ging mir also eine gewisse Zeit, gefühlt, ganz gut. Die Medikamente erfüllten ganz oder teilweise die erhoffte Wirkung und sorgten für Veränderung. Veränderungen im Gedankengut und in der Wahrnehmung.
Also faktisch treten gewisse Gedanken nicht mehr auf oder werden eben nicht wahrgenommen, zumindest nicht so negativ. Ändert allerdings nichts daran, dass die tief verwurzelten Ängste dennoch da sind!

Tief verwurzelt bedeutet in meinem Fall, dass wir sehr weit in der Vergangenheit zurück müssen - bis ins Kindesalter.

Auf der Suche nach Ursachen gehe ich also vom heutigen Tage Schritt für Schritt zurück, um dramatische und prägende Erinnerungen zu finden.

» Und ihr könnt mir glauben, dass das kein Sonntagsspaziergang ist! Das geht teilweise sogar so weit, dass ich mich bewusst damit konfrontiere - auch durch ein aktives Beeinflussen durch Alkohol. Denn der sorgt aktuell dafür, dass die "Gedankensperren" brechen. Äußerst fragwürdig! Das muss auch nicht der Schlüssel zum Erfolg sein, oder gar zu einem Erfolg führen! Aber es ist, wie es ist. «

Es gibt bereits mehrere, mir bekannte Stressoren, die mein Wohlbefinden und auch die Natur meiner Gedanken beeinflussen. Abgesehen von besonderen Ereignissen, versteht sich. Die Arbeit, der Job, die Firma, die Kollegen, die Vorgesetzten, die Projekte, die Probleme der Zielerreichung, die inkonsistente Personaldecke im Top-Management-Bereich, die damit verbundene Instabilität und das Ausbleiben von Visionen und damit verbundenen Taten.

Der nächste Punkt ist Alkohol. Durch die verschiedensten Situationen ein recht konstanter Begleiter, von mir dazu gemacht! Eventuell eine Gewohnheit, ein antrainiertes Verhalten für unangenehme Zustände, oder auch, eine Mischung aus mir wahrscheinlich "noch" Unbekanntem. Im Krankenstand ist das Thema Arbeitsbelastung dann irgendwann kein Thema mehr. Fast kein Thema mehr. Abgesehen von den Punkten, die irgendwie bis zu mir durchdringen. Denn für einen "Workaholic" existiert nicht viel anderes.

Da es mir seit Wochen allerdings nicht signifikant besser geht, scheint es wohl nicht oder zumindest nicht ausschließlich um die akute Arbeitsbelastung zu gehen. Wie man es dreht und wendet, wie dieses Buch, um die Geschichte durch die nicht-rosarote, sondern schwarze Brille zu sehen, scheint es noch mindestens eine andere Komponente zu geben.

» Das hatte ich ja nicht schon immer! «

Bereits mehrfach angeschnitten, wieder hierher zurück. Gehen wir davon aus, dass nicht alles zu hundert Prozent auf das Erbgut zurückzuführen ist und zusätzliche Träume dafür sorgen, dass viele Situationen regelrecht wiederkommen. Wieder-kommen im Sinne von Gedanken, Befürchtungen und Déjà-vus. Keine leichte Kost, wenn man überlegt, dass es Jahrzehnte zurückliegt. Und, »Ja, dieser Satz beginnt mit einem fetten und« wenn man realisieren muss, dass da vielleicht doch nicht so viel Gutes war! Ich gehe sogar so weit, zu sagen, dass ich eine unschöne Kindheit hatte. Bei allen Bemühungen dies wertfrei zu sehen, kann es dazu führen, dass sich meine Kindheit, respektive Elternhaus und Erziehung nun im Fokus befinden. Gut, dass ich selbst keinen Groll oder Hass hege. Also nicht mehr! Auch das kommt mit der Zeit, wenn man die anfänglichen (jahrelangen) Schuldzuweisungen hinter sich lässt.

Vor Jahren, während der ersten Therapie, war ich diesbezüglich noch etwas anders eingestellt. Während der

Therapiestunden blockierte ich natürlich erstmal alles, was sich da herauskristallisierte. Eine für mich normale Abwehrhaltung und Reaktion. Es ging schließlich um meine Familie! Wie kann man da bitte anders reagieren? Der Wunsch war Hilfe zu bekommen, nicht konfrontiert zu werden.

Heute, 7 Jahre später, ist die Intension eine ganz andere. Verstehen lernen und nicht bewerten, zu lernen, das Verständnis aufzubringen, die Vergangenheit aufzuarbeiten - egal wie sie zu sein scheint. Sich gewisser Dinge bewusst zu werden, welche bis heute eine riesige Rolle spielen.

Die Weichen dafür wurden bereits gestellt und ich werde einerseits sehen, was da zum Vorschein kommt. Andererseits werde ich auch sehen, wie ich damit umgehe. Gerade auch im Zusammenhang mit meinem heute neu angesetzten Medikament Duloxetin, dessen Wirkung ich noch nicht kenne.

Wenn es sich als Wundermittel entpuppen sollte, könnte es sein, dass ihr nichts mehr von mir hört und ich mich auch nicht weiter mit meiner Thematik auseinandersetzen werde. Vielleicht arbeite ich just in diesem Moment allerdings auch schon an einem weiteren Kapitel oder einem weiteren Teil.

» An dieser Stelle möchte ich sagen, dass die Wahrscheinlichkeit, dass dieses Kapitel später fortgeführt oder nochmals aufgegriffen wird, sehr hoch ist. Ob und wie das aussehen kann oder wird, lasse ich hier an dieser Stelle einfach offen.

Nicht, weil ich mich nicht damit beschäftige. Das Thema der
unglücklichen prägenden Kindheit habe ich ja kurz beschrieben. Sondern, weil ich meinem Schreibfluss freien Lauf lassen möchte, ohne
mich dabei selbst zu korrigieren. «

Kap.8 - Der, die, das „Back-Up"

Nach nun 1,5 Wochen mit Duloxetin behandelt, hatte ich wieder das Bedürfnis zu erzählen. Mir gibt es aktuell viel mehr, zu schreiben als zu reden.

Es ist aber auch sehr wichtig, jemanden zu haben, der versteht und immer wieder nachfragt. Mit einem Gespür dafür, wann etwas nicht ganz so gut läuft. Nicht ganz so gut bedeutet in diesem Kontext, schlecht oder wirklich schlecht, versteht sich. Freunde sind rar, wirkliche Freunde, welche sich regelmäßig erkundigen und auch verstehen, respektive Verständnis zeigen, sind eine Seltenheit. Ohne meinen menschlichen Freunden zu nahe treten zu wollen, muss ich an dieser Stelle einfach erwähnen, dass es da noch jemanden gibt.

Alle kennen sie: Meine Boxer-Hündin Hazel. Denn sie ist die Einzige, welche seit über einem Jahr permanent an meiner Seite ist. Sie kann einerseits nicht fliehen, also könnte sie theoretisch, aber Hazel - alias Püppi, wie meine Schwester sie von Anfang an nannte, scheint gerne bei mir zu sein oder kommt immer wieder, um nach mir zu sehen. Unsere Geschichte wäre ein eigenes Kapitel wert, mal sehen, ob das noch Platz findet.

Long story short: Ich habe eine Hündin.

Long story medium: Durch eine Mischung aus Zufällen und Möglichkeiten bat sich mir die Gelegenheit, Hazel kennenzulernen. Andererseits hatten Hazel und ihre kleine Schwester die Möglichkeit, mich zu beschnuppern. Nach einem längeren Gespräch mit Frauchen wurden mir die zwei also vorgestellt. Vorgestellt, also sie kamen beide mit einem Affenzahn auf mich zu und die Geschichte nahm ihren Lauf. Schlussendlich haben wenige Minuten ausgereicht, den Grundstein für eine gefühlt unzertrennliche, tiefe und enorm starke Bindung zu legen. Diese Bindung hat sich stets vertieft. Und heute, sind wir unzertrennlich!

Wir merken einander an, wenn etwas nicht stimmt. Beide haben ein Gespür für den anderen, und wir meistern das alles, glaube ich, ziemlich gut. Auch ganz ohne Erfahrung. Dementsprechend behandle ich sie, natürlich auch, meine Prinzessin.

Das Thema Verständnis, egal von oder durch wen, ist elementar. Jeder hat sein Päckchen oder Rucksack,

» Wobei "Sack" in jeglicher Hinsicht die zutreffendere Wortwahl ist ! «

aber die Probleme, Beschwerden, Wünsche und Nöte eines anderen zu verstehen, ist eine Gabe. Glauben zu verstehen - und zu verstehen, sind ein himmelweiter Unterschied! Meines Erachtens ist das etwas, was stark von der Persönlichkeit abhängt. Naheliegend ist, dass Personen mit einschneidenden und verletzenden Erfahrungen meist schneller oder besser verstehen - was aber nicht bedeuten muss, dass sie offen für Probleme anderer sind! Auch bei mir gibt es Phasen, in denen ich solche Themen weit wegschiebe. Man muss sich nicht immer mit Problemen auseinandersetzen.

Aber um zu verstehen, zu verarbeiten und herauszufinden was die Auslöser meiner Ängste sind, ist es unerlässlich.

Meine zwei Bestie's, eine Person innerhalb und eine Person außerhalb des erweiterten Familienkreises, machen mir Mut und sind für mich da. Bestärken mich auch darin, zu schreiben. Dies bedeutet mir sehr viel! Denn ich bin so sehr auf Leistung und Ergebnis gepolt, sodass ich oftmals die Sinnfrage stelle. Für mich, in meiner "produktionsgetriebenen Arbeiterwelt" und meinem Verständnis von einem aktiven Teil der Gesellschaft, ist eigentlich kein Platz für Spiritualität, Abstraktheit oder ähnlichem!

Das Schreiben hat eine besondere Wirkung auf mich. Gerade durch die verschiedenen Perspektiven und die Art, wie ich erzähle. Durch ein Hinterfragen des Kritikers in mir und die Ansicht der Gesellschaft, wie ich sie sehe, erschließen sich mir viele neue Erkenntnisse. Aber, es hat keinen wirklich messbaren Mehrwert, ohne es zu einem Buch zu machen. Es fiel mir lange Zeit sehr schwer, dem hier etwas Positives abzugewinnen und mich vollkommen darauf einzulassen. Denn dafür, war nie Platz...!

Kap.9 - Das „Durchbrechen"

Gestern erst hatte ich eine sehr gute Unterhaltung. Es kam die Frage: „Wie durchbricht man so etwas?" Also wie ist es möglich, den eigenen Anspruch an ein vollkommenes, fehlerfreies und nachweislich produktives Teilchen in der Gesellschaft zu durchbrechen, und sich damit auch noch gut zu fühlen?

» Absolut keine Ahnung wie das langfristig möglich ist ! Ich bin aber offen für die Lösung. «

Sich gut zu fühlen, wenn man etwas macht, was ausschließlich für einen selbst ist. Etwas, was objektiv betrachtet vielleicht viel mehr Nachhaltigkeit besitzt als viele andere Dinge - aber eben völlig losgelöst und anders ist. Selbst nach der Erläuterung all dieser positiven Aspekte, die mir persönlich helfen und auch guttun, tue ich mir sehr schwer, das zu akzeptieren. Ein innerer Konflikt, wie er größer nicht sein könnte. Das Hadern und Hinterfragen, weil man eben nicht das tut, was man sonst immer getan hat. Nichts nachweislich be- und verwertbares zu machen, um den Zuspruch oder das Lob anderer zu ergattern. Diesem Leistungs-Belohnungs-Prinzip eben nicht nachzukommen - dadurch aber auch zu lernen, ohne die bekannte fachliche, sachliche, arbeitsorientierte Bestätigung zu leben. Zu lernen, sich selbst in etwas zu bestätigen oder einfach zufrieden zu sein. Zu lernen, dieser überwältigenden Bringschuld nicht immer nachzukommen, die andere da bewusst oder auch unbewusst fordern. Nicht nur das zu sein, was andere gerne hätten.

Eben nicht nur das zu tun, was andere von einem wollen. Vor allem nicht, wenn man erkennt, was das für Abhängigkeiten mit sich bringt. Sowohl im beruflichen als auch im privaten Leben. Natürlich ist ein Arbeitsvertrag ein Dienstleistungsvertrag. Aber, neben einer fachlichen Entwicklung gibt es eben auch die Entwicklung der Persönlichkeit, welche in sämtlichen Belangen keineswegs unerheblich ist. Die Entwicklung der eigenen Persönlichkeit, meiner eigenen Persönlichkeit!

» Habe ich mehrfach abgeleckt, ist meins !!

Also wenn mir etwas gehört, dann ist es meine Persönlichkeit ! Kann natürlich auch eine Kack-Persönlichkeit sein die mir da gehört, dennoch meins ! Und auch die persönliche Entwicklung sollte bei mir liegen. Eventuell bestärkt durch Dritte, aber ausgehend von mir !

Und siehe da, da ist er schon wieder der Einfluss von außen. Also ergänze ich das zuvor geschriebene : Wenn durch Dritte beeinflusst, dann bitte auf MEINE Art & Weise und nach MEINEN Regeln !

Dankeee - Bitteee «

All diese Erkenntnisse erschließen sich einem erst, wenn man die Chance hat, dieses teuflische Hamsterrad zu verlassen. Mir selbst war es nicht möglich, eigenständig abzubremsen und auszusteigen. Solang man sich noch in diesem Fahrwasser befindet und die Ströme dafür sorgen, dass man regelrecht mitgerissen wird, ist es kein leichtes, die wirklich richtige Richtung auszuloten.

Kap.10 - Das Abwarten, Aushalten &

Verarbeiten in der eigenen Welt"

Trotz der Erfahrungen, der Back-up's und der Geduld, die man aufbringt, es ist und bleibt eine Achterbahnfahrt der Zustände. Die Medikamente arbeiten und bewirken etwas, ganz klar, das spüre ich. Es gleicht somit also eher einem Kinderkarussell, bei dem es behäbiger zugeht. Etwas geschmeidiger als zuvor. Trotzdem geht es mal ab, mal auf. Was mir auffällt, das Wetter spielt gefühlt eine wichtigere Rolle als zuletzt.

» Ihr erinnert euch? Entweder wird alles auf die Krankheit oder die Medikamente bezogen? Wetterfühligkeit kommt auch bei "normalen" Menschen vor, und, "Normalos" haben ebenfalls gute und schlechte Tage. Naja, vielleicht sind ihre schlechten Tage nicht ganz so schlecht wie unsere. «

Wenn man die bekannten Symptome einer Angststörung oder auch die einer Depression nimmt, kann man sich gut vorstellen, dass die äußeren Einflüsse eine zentrale Rolle einnehmen. Mit den richtigen Medikamenten ist es dann auf jeden Fall immer noch eine große Rolle, die sie spielen. Durch das stetige Beobachten, analysieren und das regelrechte Aufsaugen der Umgebungsgegebenheiten wird schnell klar, dass der Wettereinfluss absolut nachvollziehbar ist. Es bildet zusammen mit deiner aktuellen Form eine Art Basis für den Tag.

Die aktuelle Form, die Verfassung, der Gemütszustand und somit der Leidensdruck entscheiden darüber, wie

dein Tag wird. All das läuft bereits, ohne einen Impuls von außen. Ohne zwischenmenschliche Interaktion, ohne eventuell wahrzunehmende Termine, ohne grundlegende Verpflichtungen oder zu stillende Grundbedürfnisse. Es passiert bereits so viel, ohne wirklich etwas gemacht und am täglichen Leben teilgenommen zu haben. Das ist die eigene Welt!
Die kleine eigene Welt, die "nur" aus dem täglichen Setup besteht.

Bis man morgens mal in Fahrt kommt, kann ewig dauern. Manchmal dauert es sogar bis zum frühen Abend, bis man endlich aus dem Quark kommt. Oftmals kommt bei mir dann der Punkt, an dem ich etwas tun muss! Bis jetzt kann ich euch leider nicht sagen, warum das so ist. Ob das dann schlussendlich durch das Gefühl von Nutzlosigkeit hervorgerufen wird, die Tabletten es bewirken, ich mich nun so lang fast wundgelegen habe, dass mein Körper nicht mehr liegen will, zu wenig Bewegung zu Verspannungen und Schmerzen führt, oder ob es das "müssen" ist, was da irgendwo verankert ist. Es wird bestimmt eine Mischung aus allem sein - einigen wir uns darauf, bevor wir diesen einzelnen Punkt nun weiter sezieren.

» Wäre auch zu einfach. «

Die Tagesform ist sehr variabel. Was meist gleich ist, ist die gefühlte Anlaufschwierigkeit. Es mag sein, dass es sich morgens oder nach dem Aufstehen, wann auch immer das sein mag, etwas besser oder auch schlechter anfühlt. Aber insgesamt dauert es gefühlt ewig, bis man aus diesem Delirium herauskommt. Es mag auch mit anderen

Aspekten zusammenhängen, wie beispielsweise dem Alter oder auch den Aufgaben, welche vor einem liegen. Wenn nichts Besonderes ansteht, hat man mehr Zeit zu fühlen und nachzudenken. Klar könnte man nun sagen, dass viele Aufgaben helfen würden. Allerdings ist die Schwelle von Unterlast zu Überforderung fast nicht spürbar. In erster Linie hilft es vielleicht aus dem Anfangstief herauszukommen, könnte im weiteren Sinne aber für eine nicht direkt spürbare Überforderung sorgen. Ich denke, hier muss jeder seinen eigenen Weg finden, welcher auch nachhaltig funktioniert.

» Was man nicht alles lernen oder tun muss ! «

Aber, die Gedanken sollten irgendwann weniger werden und mit einer gewissen Routine, könnte das funktionieren. Meine Routine, ist "leicht" klischeebehaftet: Aufstehen, meist wache ich vor meinem Wecker auf - auch wenn es nur ein paar Minuten sind. In Richtung Kaffeemaschine watscheln, Maschine starten, ab zum Kühlschrank, einen ordentlichen Schluck Wasser verschlingen, Tablette(n) einwerfen, Kaffee-Taste drücken, Schuss Zucker rein, Tasse mitnehmen auf die Terrasse und eine Fluppe anzünden.

Je nach Uhrzeit, werde ich bereits beim Betreten des Raumes von zwei schläfrigen Hunde-Kulleraugen angeschaut oder sie tänzelt etwas verschlafen, aber freudig um mich herum. Wenn ersteres der Fall ist und sie mich bereits anvisiert hat, auf Interaktion wartet, hämmert und rotiert ihre Rute…also sollte der Begriff "Wedel-Wedel" nochmals fallen, wisst ihr wovon ich spreche.

Zu meiner seit Jahren etablierten Routine kommt aktuell das Schreiben hinzu. Ich genieße es, gerade morgens, bei kühlen Temperaturen draußen zu sitzen, der Sonne beim Aufgehen zuzusehen und den Vögeln zuzuhören. Morgens habe ich meist das Gefühl, schreiben zu wollen. Mag vielleicht zusätzlich an dem morgendlichen "Booten" oder auch an den Träumen und Gedanken im Schlaf liegen.

» Wie ich mal irgendwo aufgeschnappt habe, scheint das "morgendliche Booten" eine recht häufige Erscheinung bei psychisch Kranken zu sein. «

Nachdem die morgendlichen Anlaufschwierigkeiten überwunden wurden, zeichnet sich langsam, aber sicher ab, wie die Tagesform im Allgemeinen aussieht. Es kann sein, dass dich das schöne Wetter nach draußen zieht. Es könnte aber auch völlig egal sein, wie schön es draußen ist. Dein Tag könnte sich für dich trotz aller Schönheit dort draußen einfach trist anfühlen. Als wäre ein grauer Schleier über allem. Oder, gerade weil das öffentliche Leben rasant an Fahrt aufnimmt, unter anderem auch wegen der Jahreszeit, wirkt es überfordernd für dich. Vielleicht hast du die Energie, etwas verändern oder machen zu wollen, etwas zu unternehmen. Du kannst aber nicht, aufgrund dieser Blockaden. Letzteres wird dann zu einer Zwickmühle, einem inneren spürbaren Konflikt.

Man denkt mehrfach über ein und dieselbe Tätigkeit nach, man denkt es rauf und runter, hin und her. Es kommt der Gedanke, etwas tun zu wollen. Aber gleichzeitig sitzen dort nicht etwa ein Engelchen links und ein

Teufelchen rechts auf deiner Schulter, sondern es sind zwei schwergewichtige Teufel. Und die zwei Prachtburschen lassen dich all deine Ambitionen nochmals kritisch überdenken und sähen Zweifel. Zweifel, welche zu Negativgedanken werden. Negativgedanken, die wiederum zu Verurteilung und Abneigung führen. Eine Abneigung, das zu tun, was du eigentlich tun wolltest... Und wäre das nicht genug, zehren die zwei Kaventsmänner von den Negativgedanken und Zweifeln, werden größer und mächtiger, bis die Last auf deinen Schultern schier untragbar wird.

Eine Negativspirale, die erst wieder durchbrochen werden muss. Im Kleinen sowie im Großen. Aber was bleibt, ist die Erinnerung an das Scheitern. Nicht genügend dagegen angekämpft zu haben, ausgeliefert, machtlos, ja, ein völliger Versager zu sein.

Aber, es kann auch ganz anders aussehen. Die Medikamente nehmen dir die unangebrachten und überflüssigen Sorgen, natürlich nur zu einem Teil. Es ist nicht so als würdest du dich unantastbar fühlen - soll auf jeden Fall nicht so sein! Jedoch könnte es sich sehr ähnlich anfühlen.

Nach Jahren der enormen Belastung fühlst du dich entlastet und frei. Du richtest dich auf und kannst wieder aufrecht stehen, dein Blick geht nach oben und nicht nach unten. Du entgegnest anderen wieder auf Augenhöhe, ohne dich kleiner und schwächer zu fühlen. Als hätte der Marionettenspieler seine Figur wieder in der Hand, als würde "Ironman" eine neue Energiequelle eingesetzt bekommen oder "Optimus Prime" wieder zum Leben erwachen.

An diesem Punkt verlässt du nun deine eigene Welt…

…und gehst hinaus!

Kap.11 - Raus in die Welt

Erhobenen Hauptes, mit aufrechtem Gang. Offen, unvoreingenommen und neugierig. Bereit, Neues zu erleben. Bereit, es anzupacken. Bereit, Dinge auf sich zukommen zu lassen. Bereit, in den Spiegel zu schauen... und etwas Gutes darin zu sehen!

Als würde man den "Grauton Filter" entfernen und plötzlich wird alles bunt. Strahlend leuchtende Farben überall. Nette Gesichter und freundliche Menschen. Keine Spur von diesem unbehaglichen Dauerzustand, welcher alles ins Negative stürzt. Diese anstrengende Wachsamkeit, alles immer und überall im Blick zu behalten, auf der Suche nach sich entwickelnden unangenehmen Situationen, ist weg. Der Fokus liegt nicht auf all dem was drum herum passiert, sondern auf dem eigenen Tun.

Das Gefühl von Zufriedenheit und Dankbarkeit, dass man wieder Herr der Lage und vor allem Herr seiner Sinne ist. Wieder Dinge tun zu können, alltägliche Dinge, und dabei gelassen zu sein. Situationen nicht wie eine Schleusung zu erleben - umgeben von Mauern, eingeengt, mit dem Ziel so schnell wie möglich unbeschadet durchzukommen.

Leben... einfach nur leben...

Kap. 12 – Schlusswort & Lobeshymne

Nun, liebe/r Leser/in,

» gender ich doch ein Mal ! «

am Ende dieses Buches angekommen, jedoch nicht am Ende meiner 4. Phase, respektive neu auftretender Phasen oder Episoden, ist es Zeit ein paar persönliche

» also noch persönlicher als das, was hier bereits gesagt wurde «

loszuwerden. Zuallererst möchte ich mich bei all jenen bedanken, welche mich ermutigt und darin bestärkt haben, zu schreiben. Zu schreiben, somit zu erzählen, mich dadurch zu öffnen, Dinge anzusprechen und zu guter Letzt zu verarbeiten.

Jeder Mensch tickt anders, jede Person reagiert anders, jeder Charakter ist eigens geprägt und einmalig. Einer geht diesen, andere wiederum, einen ganz anderen Weg. Dieser Weg, ist mein Weg.

Es mag etwas philosophisch klingen, aber, einst sagte jemand - Konfuzius, um genau zu sein:
„Der Weg ist das Ziel" - Zitat Ende.

Ich muss sagen, ohne die gewonnen Erkenntnisse der
letzten Monate, hätte ich damit nichts anfangen können
- gar nichts!

Aber der Weg ist das Ziel! Ohne Wege zu bestreiten,
kommen wir nicht voran. Ganz egal, ob es ein routinier-
ter oder ein außergewöhnlicher Weg ist - es bedeutet
Fortschritt.

Fortschritt, Bewegung, Erfahrung & Wissen.

Alles wichtige Punkte.
Nicht nur, aber auch im Umgang mit einer Angststörung.

Vielen Dank!

TABu

AUTOBIOGRAFISCHE FRAGMENTE

WIE ES IST, WENN DAS ICH ZERFÄLLT –
UND SICH NEU FORMT

PERSPEKTIVE 2

Inhaltsverzeichnis

Kapitel 1 – Die Angst

Meine erste intensive Begegnung mit der Angst hatte ich mit 26 Jahren. Heute bin ich 34 – ein Kind der 90er, Teil der Generation Y. Warum ich das erwähne? Weil ich glaube, dass gesellschaftliche Einflüsse eine enorme Rolle spielen. Viele kennen Freuds „Ich, Über-Ich und Es" – und genau zwischen diesen Kräften bewegt sich auch meine Geschichte.

Es war wie der erste Dominostein, der fiel – ein Moment, der alles veränderte. Rückblickend glaube ich, dass ein Erlebnis aus meiner Kindheit diese Panikattacke mit ausgelöst haben könnte. Damals rutschte mir ein Eiswürfel in den Rachen. Meine Retterin zog ihn schnell wieder heraus. Eine nachvollziehbare Situation mit einem guten Ausgang.

Die Panikattacke Jahre später war das Gegenteil:
Nicht erklärbar, nicht greifbar.

Also begann ich, mich mit einer zentralen Frage auseinanderzusetzen: Warum?

„Die Angst" gibt es nicht. Angst ist ein Sammelbegriff – eine Art Container für viele unterschiedliche Empfindungen. Um das zu veranschaulichen, wähle ich das Bild eines Bruchs. Keine Sorge, wir machen jetzt keine Mathematik. Ich spreche von Knochenbrüchen: Es gibt viele Arten, viele Knochen – aber immer ist ein Bruch sichtbar,

nachvollziehbar und oft mit sichtbarem Leid verbunden. Genau das erzeugt Mitgefühl.

Bei psychischen Erkrankungen ist das anders. Niemand hält dir die Tür auf, nur weil du innerlich zerbrichst. Angst lässt sich nicht röntgen, nicht auf einem MRT sichtbar machen. Und genau da liegt das Problem: Sie ist unsichtbar – und doch allgegenwärtig.
Obwohl die Wissenschaft heute vielleicht fünf Prozent unseres Gehirns versteht, sind es diese fünf Prozent, die so vieles in Bewegung setzen. Angst ist unsichtbar, aber sie wirkt.

Besonders nach der Pandemie sind viele Menschen – Kinder, Enkel, Eltern – erstmals mit psychischen Belastungen in Berührung gekommen. Das hat die gesellschaftliche Sensibilität erhöht. Doch in Gesprächen mit Menschen der Kriegsgeneration oder den sogenannten Boomern, würde man hier wohl eher auf Unverständnis stoßen. Wer Hunger, Kälte und Tod erlebt hat, tut sich schwer, emotionale Leiden ernst zu nehmen. Die aktuelle politische Debatte bezüglich der erhofften Wirtschaftswende in Deutschland, lässt dies jedenfalls vermuten. Es ist die Rede von mehr Arbeit, mehr Leistung, man müsse es einfach anpacken – keine Rede vom Wandel, der da auf mentaler Ebene stattfand.

Trotzdem: Ich sehe Fortschritte. Mehr Menschen sprechen offen über ihre seelischen Kämpfe. Mehr Betroffene begegnen einander mit Verständnis. Und genau deshalb erzähle ich meine Geschichte. Um es offen anzusprechen und zu zeigen.

Kapitel 2 – D-Day

„Und dann fiel er – der alles entscheidende Dominostein."

Ich war 26 Jahre alt, als es mich völlig unerwartet traf. Die
erste Panikattacke. Ort, Zeit und Situation haben sich so
tief eingebrannt, dass ich sie auch heute noch Wort für
Wort beschreiben könnte. So geht es scheinbar vielen, die
Ähnliches erlebt haben.
Ich war gerade auf dem Weg in den Keller, um Wäsche
aufzuhängen. Ein banaler Moment. Und doch spürte ich
schon auf der Treppe ein beklemmendes Drücken in der
Brust, einen Kloß im Hals, Atemnot. Plötzlich übernahm
die Angst. Völlig. Sie packte mich mit voller Wucht: Panik. Herzrasen. Schweißausbrüche. Kontrollverlust. Todesangst.

Was passiert mit mir? Muss ich jetzt sterben?

Dieses Gefühl lässt sich schwer beschreiben – schon gar
nicht für Menschen, die so etwas noch nie erlebt haben.
Aber ich versuche es trotzdem:

1. Stell dir dein schlimmstes Lampenfieber vor. Die zitt-
    rigen Knie, die Enge in der Brust, das Pochen in den
    Schläfen, den rasenden Puls, das Gefühl, völlig ausge-
    liefert zu sein.

2. Stell dir vor, jemand packt dich an der Kehle – du
    ringst nach Luft, kommst aber nicht frei. Dein Körper
    reagiert auf maximale Bedrohung: Adrenalin, Alarm,

Fluchtinstinkt.

3. Und dann erinnere dich an das tiefste Gefühl von
    Angst, welches du je gespürt hast. Die Angst, verletzt
    zu werden. Die Angst, zu versagen. Die Angst, allein
    zu sein, ohne Hilfe, ausgeliefert.

Ein brutales Wechselspiel der Gefühle, bei dem die Angst
– bildlich gesprochen – die Oscar-prämierte Hauptrolle
spielt.

»Oder die Gurke auf dem Cheeseburger – immer dabei,
keiner will sie so richtig.«

Ein absurder Vergleich vielleicht – aber er passt.
Bleiben wir bei ihm: Du fährst zum Drive-In, willst etwas
Bestimmtes bestellen. Doch dein Kopf kreist nicht um
das Menü, sondern um die Frage: Ist da wieder diese ver-
dammte Gurke drauf? Komme ich also wieder in die eine
Situation, welche alles so belastend macht.
Ein banaler Gedanke, der sich einbrennt. Eine kleine Sa-
che, die alles überschattet. Du weißt es nicht, aber dein
Körper reagiert: Anspannung, Stress, innere Unruhe.
Und selbst wenn die Bestellung korrekt ankommt – das
Gefühl bleibt.

Was du gerade erlebst, ist die nächste Eskalationsstufe:
die Angst vor der Angst. Das Wissen, dass es jederzeit
wieder passieren kann – obwohl nichts Sichtbares, Greif-
bares diese Angst rechtfertigt. Es bleibt: ein diffuses, un-
berechenbares Bedrohungsszenario, das dich in seinen
Bann zieht.

Kapitel 3 – Die Angst vor der Angst

Angst. Angst davor, dass sie zurückkommt. Dass sie wieder zuschlägt. Ohne Vorwarnung. Ohne Rücksicht.

Schon im ersten Satz dieses Kapitels schreibe ich das Wort „Angst" viermal – und das, ohne den Satz beendet zu haben. Das ist bezeichnend. Erschreckend.

Wir reden hier nicht mehr über Kleinigkeiten. Nicht über die „Gurke auf dem Cheeseburger", wie im vorherigen Kapitel. Denn die kann man entfernen. Man hat Kontrolle. Bei einer Angststörung ist das anders. Natürlich kann man Einfluss nehmen: durch Verhalten, durch Routinen, durch mentales Training. Aber es ist ein langer, anstrengender Weg. Es reicht nicht, sich einmal zu entscheiden. Es braucht tägliche Arbeit. Immer wieder.
Immer wieder neu.

Ich selbst hatte das Glück, trotz allem immer aufstehen und die lebensnotwendigen Dinge erledigen zu können. Ohne näher auf die Strapazen einzugehen. Vielen ist das nicht möglich. Und dann kommt die Frage: Was hat Aufstehen mit Angst zu tun – gerade in den eigenen vier Wänden? Sehr viel.
Denn oft gehen Angststörungen und Depressionen Hand in Hand. Sie ähneln sich in ihren Symptomen und verstärken sich gegenseitig. Was bleibt, ist ein täglicher Kampf gegen das Unsichtbare. Und je länger eine Angst unbehandelt bleibt oder falsch verstanden wird, desto mehr schränkt sie das Leben ein.
Rückzug. Isolation. Vermeidung.

Man entwickelt Strategien, um diesen Gefühlen zu entgehen – bis irgendwann nichts mehr geht. Und dann kommen die Ratschläge:
„Mach doch einfach!"
„Geh doch in eine Klinik!"
„Such dir Hilfe!"

„Ähm, ja. Setzen, Sechs. Mit Eintrag ins Klassenbuch für übergriffiges Verhalten!"

Denn wer in dieser Situation ist, will doch nichts lieber, als dass es aufhört. Aber genau das ist das Problem: Man kann nicht. Man will, aber man kann nicht.
Und dann kommt dieses Gefühl: Ich bin eine Last. Für Freunde. Für Familie. Für Kollegen. Ich funktioniere nicht. Ich bin schwach.

Gerade dann wirken gut gemeinte Tipps wie Hohn. Sie treffen tief – und sie bestätigen, was man ohnehin schon über sich denkt: Ich bin nicht normal. Ich bin gescheitert. Ich bin nutzlos.
Die Angst ist da. Immer. Mal laut, mal leise. Mal kontrollierbar, mal übermächtig. Aber sie ist da. Und sie nimmt Raum. Viel Raum.

Acht Jahre hat es bei mir gedauert, bis ich akzeptieren konnte: Ich habe eine Angststörung. Und: Ich bin trotzdem ich.
Es geht nicht um ein Leben ohne Angst. Das wäre illusorisch. Es geht um ein Leben mit der Angst. Darum, ihr einen Platz zu geben – und trotzdem weiterzugehen.

Ich habe meine Symptome lange ignoriert. Nach der ersten Attacke hoffte ich auf eine Ausnahme. Nach der zweiten auf Therapie. Ich wehrte mich gegen Medikamente, weil ich mir nicht eingestehen wollte, dass ich psychisch erkrankt bin.
„Ich hatte diese Probleme doch nicht schon immer!"
Ein Satz, der später noch wichtig wird.

Irgendwann habe ich mich dann doch für Medikamente entschieden – aus der Not heraus. Weil ich Angst hatte, meine berufliche Weiterbildung nicht durchzuhalten. Ich hatte gerade den Beruf als Monteur aufgegeben, um noch einmal die Schulbank zu drücken. Zwei Jahre. Zwei Jahre voller Leistungsdruck, voller Zweifel. Und ich wollte funktionieren. Ich wollte nicht versagen.

Also: Pille rein – Problem gelöst?
Nein. So einfach ist es nicht.

Die Wirkung setzt nicht sofort ein. Und wenn sie einsetzt, geht es dir zuerst schlechter. Richtig schlecht. Tage-, manchmal wochenlang. Jede Anpassung der Dosis bringt neue Nebenwirkungen. Und was bei einem hilft, funktioniert beim anderen gar nicht.
Medikamente sind keine Heilmittel. Sie sind ein Werkzeug. Aber du brauchst die Geduld, sie wirken zu lassen. Und die Kraft, durchzuhalten.
Ich habe inzwischen mehrere Phasen durchlebt. Verschiedene Wirkstoffe. Verschiedene Nebenwirkungen. Verschiedene Ärzte. Und doch: Ich bin noch da.

Weil ich nicht will, dass es nur erträglich ist. Ich will, dass es gut ist. Und manchmal, in den besseren Momenten, gelingt das auch.

Kapitel 4 – Das tägliche Leben … oder was davon noch übrig ist

Wenn man lange mit einer Angststörung lebt – unbehandelt oder nur teilweise verstanden – dann verändert sich das Leben. Stück für Stück. Und irgendwann steht man da, schaut sich um und fragt sich: Was ist eigentlich noch übrig von dem, was mal Alltag war?

Ich spreche aus Erfahrung.
Die Angst schränkt dich ein. Sie zwingt dich in die Knie. Nicht plötzlich, nicht dramatisch, sondern schleichend. Und du merkst es oft erst, wenn du schon mittendrin bist.

Man entwickelt Vermeidungsstrategien – aus Schutz, aus Gewohnheit, aus Angst. Man reduziert Termine. Man sagt Treffen ab. Man meidet Situationen, die man früher mit Leichtigkeit gemeistert hat. Und irgendwann ist da nur noch der Rückzug.
Das Sozialleben schrumpft. Die Außenwelt wird leise. Du wirst still. Und innen wird es laut.
Klar, man kann Muster durchbrechen. Es gibt Wege da raus. Aber zu welchem Preis? Und vor allem: Wie?

Dann kommen sie wieder, die Ratschläge:
„Geh in eine Selbsthilfegruppe."
„Such dir eine Klinik."
„Mach einfach den ersten Schritt."

»Danke für nichts.«

Denn wenn man ehrlich ist: Wenn ich es einfach machen könnte, dann hätte ich es schon längst getan. Niemand leidet freiwillig. Niemand bleibt gerne in der Starre.
Ich wollte funktionieren. Ich wollte meine Rolle erfüllen – als Kollege, als Freund, als Teil dieser Leistungsgesellschaft. Ich wollte stark sein. Und war es doch nicht.
Man leidet, weil man nicht mehr kann. Und man leidet doppelt, weil man sich dafür schämt.

Und nun kommt wieder dieser Satz:
„Ich hatte diese Probleme ja nicht schon immer."
Ein Satz, der wie ein Strohhalm wirkt – ein Beweis dafür, dass es auch anders ging. Früher. Vor der Angst. Und doch ist er trügerisch. Denn wer sagt, dass es wirklich damals anfing? Vielleicht habe ich gelernt zu verdrängen. Vielleicht war ich schon viel länger überfordert – nur eben unbewusst.
Ich weiß heute: Es war ein Prozess. Einer, der mich immer weiter an meine Grenzen geführt hat – bis ich kapitulierte.
Nicht einmal. Mehrmals.

Ich habe Therapien begonnen. Medikamente ausprobiert. Immer in der Hoffnung, dass es endlich besser wird. Und manchmal wurde es das auch – für eine Zeit. Bis es wieder kippte.
Ich bin heute dankbar, dass ich Hilfe angenommen habe. Auch wenn es schwer war. Auch wenn es weh tat. Auch wenn ich lange gegen die Vorstellung gekämpft habe, „psychisch krank" zu sein.
Denn irgendwann war klar: Allein schaffe ich es nicht.
Und das ist kein Zeichen von Schwäche.
Es ist ein Zeichen von Mut.

Kapitel 5 – Die Risiken und Nebenwirkungen

Psychopharmaka. Schon das Wort klingt für viele abschreckend. Für Betroffene mit einer Angststörung können sie ein Segen sein – oder ein zusätzlicher Trigger.
Denn kaum etwas ist so ambivalent wie diese kleinen Tabletten, die angeblich helfen sollen, wieder ins Gleichgewicht zu kommen.
Ich erinnere mich noch genau an meine ersten Berührungen mit dem Thema. Natürlich wollte ich alles richtig machen. Ich war neugierig. Ich wollte verstehen, was ich da einnehme. Also habe ich den Beipackzettel gelesen. Und zwar richtig gelesen.

Ein Fehler?

Vielleicht. Denn plötzlich stand da:
„1 von 10 Patienten“ – Nebenwirkungen.
„1 von 100“ – schwere Nebenwirkungen.
Und dann diese fettgedruckten Passagen, die einem ins Auge springen wie Warnschilder auf der Autobahn.

Wenn du eine Angststörung hast, dann filterst du automatisch alles durch das Raster „Gefahr“. Und wenn du liest, was alles passieren könnte, wird die Einnahme selbst zur Belastung. Du wartest praktisch nur noch auf das Symptom, das dir gleich das Genick bricht.

Ich war kurz davor, es bleiben zu lassen.

Aber ich habe es durchgezogen. Warum? Weil ich wusste: Ich muss. Irgendwie.

Es ist wichtig, das klar zu sagen: Psychopharmaka wirken – aber sie brauchen Zeit. Und Geduld. Und meistens wird es zuerst schlechter, bevor es besser wird.

Diese Erkenntnis hat mich viele Monate gekostet. Jede Dosisanpassung, jedes neue Präparat bedeutet Unruhe. Körperlich und psychisch. Du fühlst dich wie in einem Versuchslabor – nur, dass du selbst das Experiment bist. Was mich durch diese Phasen getragen hat, war die Aufklärung durch meine Ärzte und in erster Linie durch meine Familie – und das Wissen, dass die Nebenwirkungen zwar real, aber meist vorübergehend sind.

Trotzdem: Die Angst bleibt. Denn du gibst Kontrolle ab. Du lässt zu, dass ein Medikament an deiner „Zentrale" schraubt – deinem Gehirn. Und genau dort sitzt deine Angst. Kein Wunder also, dass die Panik bei jeder Veränderung wieder aufflammt. Und dennoch: Ich bin froh, diesen Schritt gegangen zu sein.
Denn irgendwann kommt der Moment, in dem du feststellst: Es wird besser. Nicht über Nacht. Aber schrittweise.

Die Schwere wird leichter. Die Gedanken ruhiger. Die Reizschwelle höher. Und plötzlich spürst du: Da ist wieder Raum. Raum für dich. Für Leben. Für Hoffnung.
Doch ohne vertrauensvolle ärztliche Begleitung wäre das nicht möglich gewesen. Ich hatte das Glück, einen Arzt zu finden, der mich ernst nahm. Der mit mir gemeinsam Entscheidungen traf. Auf Augenhöhe.

So jemanden zu haben, kann den Unterschied ausmachen – zwischen Resignation und einem echten Neustart.

Denn bei aller Wirkung und Wissenschaft: Medikamente sind nur ein Teil der Lösung. Der andere bist du. Und dein Wille, dich nicht aufzugeben.

Kapitel 6 – Die Last und das Leiden

Nach dem erneuten Zusammenbruch meines Systems blieb mir nichts anderes übrig, als mich meinem inneren Zustand bewusst zu stellen. Nicht oberflächlich, nicht beiläufig – sondern tiefgehend. Und ganz ehrlich: Es war weder schön noch leicht.

Ich begann, mich intensiver mit meiner sogenannten „Störung" auseinanderzusetzen. Gab ihr Raum. Beobachtete, was sie mit mir macht. Nicht, um darin zu versinken – sondern um zu verstehen. Auch wenn ich mich dabei oft fragte: Tue ich das aus Aufarbeitung? Oder suhle ich mich in Selbstmitleid?
Gerade an schlechten Tagen ist diese Grenze schwer zu erkennen.

Da sitze ich dann, stundenlang, und schreibe. Inmitten eines Chaos aus Gedanken. Ich frage mich: Ist das noch normal? Bin ich normal? Hat das alles überhaupt einen Sinn?

Während draußen die Welt weiterläuft, kreisen in meinem Kopf die Selbstzweifel. Ich denke an die Kollegen, die mich vertreten müssen. An die Erwartungen der Gesellschaft. An meinen eigenen Anspruch an mich selbst.
Und dann rutscht mein innerer Kompass in den Modus Selbstanklage. Wie bei einem Kreuzverhör stellen sich meine Gedanken gegeneinander auf – fordernd, vernichtend, zynisch:
„Findest du nicht, dass du wieder arbeiten solltest?"
„Meinst du nicht, du bist nur eine Belastung?"

In solchen Momenten fühle ich mich klein. Nutzlos. Wie ein defektes Rädchen im Getriebe, das nur noch stört.

Ich höre auf zu schreiben.

Am nächsten Tag ist es nicht unbedingt besser. Die Reduktion der Medikation macht sich nun doch spürbar bemerkbar. Das emotionale Gleichgewicht ist labil. Die kleinste Erschütterung kann reichen, um wieder in ein Tief zu stürzen.

Und doch zieht sich ein Gedanke wie ein roter Faden durch diese Zeit: Ich sehne mich nach Normalität.

Nach normalen Gedanken. Normalen Emotionen. Nach einem Alltag, der nicht von diffusen Ängsten durchdrungen ist. Nach dem Gefühl, Dinge einfach tun zu können, ohne vorher 100 Szenarien durchzuspielen.
Was mich immer wieder ausbremst, ist diese Gemengelage aus Angst und Depression – eng verwoben, kaum voneinander zu trennen. Ein Schwelbrand, der ständig da ist. Der nur darauf wartet, dass jemand noch ein bisschen Öl ins Feuer gießt.
In solchen Momenten erscheint jeder Impuls übermächtig. Die kleinste Aufgabe wird zur Hürde. Und der Körper geht automatisch in den Fluchtmodus – auch wenn es nichts gibt, wovor man weglaufen könnte.

Das ist vielleicht der größte Unterschied zwischen einer klassischen Phobie und einer generalisierten Angststörung. Bei einer Spinnenphobie weiß man: Da ist eine Spinne – ich habe Angst. Klar benennbar. Klar greifbar.

Bei mir? Diffus. Allgegenwärtig. Ich weiß nicht einmal immer, wovor ich mich fürchte. Ich weiß nur, dass ich mich fürchte.
Ich habe gelernt: Meine Diagnose lautet „Generalisierte Angststörung". Oder, wie man es auch nennt: Die Sorgenkrankheit.

Und diese Sorgen … sie hören nie ganz auf. Aber man kann lernen, mit ihnen zu leben. Und – mit der Zeit – ihnen etwas entgegenzusetzen.

Kapitel 7 – Das Wieso, weshalb, warum

…

Die Sorgenkrankheit.

So wird die generalisierte Angststörung im „Volksmund" genannt. Eine Bezeichnung, die erschreckend gut trifft. Denn sie beschreibt genau das: ein permanentes Kreisen der Gedanken um mögliche Gefahren, Verluste, Fehler – Sorgen, Sorgen, Sorgen.

Als ich mich zum ersten Mal mit dieser Diagnose auseinandersetzte, war ich skeptisch. Ich wollte verstehen, ob das, was da in mir wütet, wirklich einen Namen hat. Eine Erklärung. Eine Ursache.
Also suchte ich – online, offline, in Therapiesitzungen, in Gesprächen. Ich wollte wissen: Warum bin ich so geworden? Woher kommt das?
Die Suche nach Antworten führte mich zwangsläufig zurück in meine Vergangenheit. Nicht, weil ich Schuldige suchte, sondern weil ich erkennen wollte, wo die Wurzeln liegen. Und tief drinnen wusste ich: Ich muss bis in meine Kindheit zurückgehen.
Denn dort liegen oft die ersten Risse. Die ersten Prägungen. Die ersten Verletzungen.

Ich sage heute: Meine Kindheit war – bei allem Bemühen um Objektivität – nicht schön. Nicht im klassischen Sinne. Nicht sicher, nicht geborgen. Lange Zeit habe ich das verdrängt, beschönigt, gerechtfertigt.

Während meiner ersten Therapie stieß ich an eine massive innere Blockade, sobald das Thema Familie zur Sprache kam. Ich wehrte mich. Es war eine Art Reflex: „Das sind meine Eltern! Ich will sie nicht beschuldigen!"
Auch damalige Mitschüler trugen ihren Teil dazu bei, es so unangenehm werden zu lassen.

Heute – Jahre später – habe ich eine andere Sichtweise. Keine anklagende, sondern eine verstehende. Ich bin bereit, meine Vergangenheit zu betrachten, ohne sie zu verurteilen. Ich versuche zu erkennen, was damals gefehlt hat – nicht, wer schuld war.

Diese Erkenntnis hat lange gebraucht. Und sie kam nicht linear, sondern wellenartig. Manchmal ausgelöst durch Gespräche, manchmal – ja, leider – auch durch Alkohol. Denn er öffnet bei mir Türen, die sonst verschlossen bleiben. Nicht der beste Weg, ich weiß. Aber eben ein Teil meiner Geschichte.
Hinzu kommen weitere Stressoren: Arbeit, Leistungsdruck, emotionale Überforderung. Ich bin ein Mensch mit hohem Anspruch – an mich selbst, an andere, an das Leben. Und dieser Anspruch, gepaart mit Ängsten und fehlender Stabilität, ist eine gefährliche Mischung.

Ich frage mich oft:
War es schon immer so?
Oder habe ich einfach gelernt, mit dem inneren Druck zu leben – bis es zu viel wurde?

Was, wenn ich schon als Kind Strategien entwickelt habe, um mit Unruhe, Unsicherheit und Angst klarzukommen

– und sie nie wieder losgeworden bin? Was, wenn ich mich schlichtweg an das Leid gewöhnt habe?

Das sind keine leichten Fragen. Aber sie gehören dazu. Sie helfen mir, die Gegenwart zu verstehen.

Denn eines ist klar: Ich möchte nicht nur überleben. Ich möchte leben.

Und dazu gehört, die Vergangenheit nicht länger als Feind zu sehen – sondern als Teil meiner Geschichte.

Kapitel 8 – Der, die, das „Back-Up"

Nach anderthalb Wochen mit meinem neuen Medikament – Duloxetin – war da plötzlich wieder dieses Bedürfnis: zu schreiben. Nicht zu sprechen, nicht zu erklären, sondern zu schreiben. Weil Worte auf Papier mir gerade mehr geben als jedes Gespräch.
Und doch ist Reden wichtig. Vor allem mit Menschen, die verstehen. Die zuhören, ohne zu urteilen. Die ein Gespür dafür haben, wann etwas nicht stimmt – auch wenn man es nicht ausspricht.

Wirkliche Freunde sind selten. Die meisten Menschen meinen es gut, ja. Aber wirklich präsent, aufmerksam, verständnisvoll – das ist selten. Und genau deshalb muss ich an dieser Stelle jemanden erwähnen, der immer da ist:

Meine Hündin Hazel.

Hazel – Boxerhündin, Seelenverwandte, Lebensbegleiterin. Seit über einem Jahr ist sie mein Schatten. Sie weicht nicht von meiner Seite. Sie braucht mich – und ich sie. Vielleicht ist genau das unser Bindeglied.
Ich glaube, sie spürt, wenn es mir schlecht geht. Sie kommt dann zu mir, legt ihren Kopf auf mein Bein, schaut mich mit diesen großen Augen an – voller Geduld, ohne Erwartung. Sie will nichts außer Nähe. Und diese Nähe heilt.

Unsere Geschichte verdient eigentlich ein eigenes Kapitel. Vielleicht schreibe ich es irgendwann.

Was ich damit sagen will: Jeder Mensch braucht ein Backup. Jemanden oder etwas, das bleibt, wenn alles andere ins Wanken gerät. Für mich sind das zwei Menschen — eine Person aus der Familie, eine außerhalb — und eben Hazel.

Diese drei halten mich. Machen mir Mut. Erkennen mich auch dann noch, wenn ich mich selbst nicht mehr erkenne. Und sie bestärken mich darin, weiterzuschreiben. Nicht für irgendwen, für mich.

Denn ich bin ein Mensch, der stark auf Leistung programmiert ist. Mein Selbstwert war lange an Produktivität geknüpft: Arbeiten, leisten, Ergebnisse liefern. Aber das Schreiben lehrt mich etwas anderes: dass Sinn auch jenseits von messbarer Effizienz existiert.

Es hat etwas Befreiendes, meine Gedanken so aufzuschreiben, wie sie kommen — ohne Filter, ohne Zielvorgabe. Und gleichzeitig erschließt sich dadurch so vieles neu: Perspektiven, Zusammenhänge, Erklärungen.

Ich lerne, mich besser zu verstehen.

Und vielleicht ist genau das der eigentliche Wert dieses Buches.

Kapitel 9 – Das „Durchbrechen"

Erst gestern kam in einem Gespräch eine Frage auf, die mich nicht loslässt:
„Wie durchbricht man so etwas?"
Gemeint war dieser innere Anspruch, immer perfekt funktionieren zu müssen. Dieses Gefühl, nur dann „etwas wert" zu sein, wenn man leistet. Wenn man produktiv ist. Wenn man sichtbar nützlich ist.

Ich hatte keine richtige Antwort. Und habe sie bis heute nicht.

Denn was ist, wenn du zum ersten Mal etwas nur für dich tust – und trotzdem nicht weißt, ob das reicht? Wenn du etwas machst, das sich richtig anfühlt, aber nicht „greifbar" ist? Kein Ergebnis, keine Belohnung, kein Applaus. So wie dieses Schreiben hier. Es hilft mir, ja. Es tut mir gut. Und trotzdem frage ich mich immer wieder: Darf ich das? Reicht das? Ist das okay so?
Ich bin innerlich so stark an das Prinzip „Leistung gegen Anerkennung" gewöhnt, dass alles, was davon abweicht, sich fast falsch anfühlt. Und doch ist genau das der Schlüssel: sich selbst Anerkennung zu geben. Ohne Bewertung von außen. Ohne Funktionieren-Müssen.

Ein echter Lernprozess.

Denn es geht auch um Freiheit. Um Loslösung von Erwartungen – beruflich wie privat. Natürlich habe ich einen Arbeitsvertrag. Natürlich habe ich Verpflichtungen.

Aber da ist noch etwas anderes: die Entwicklung der eigenen Persönlichkeit.

Und die gehört mir. Nur mir.

Ich allein darf bestimmen, wohin ich mich entwickle. Wer ich sein will. Wie ich leben will. Und wenn es Menschen in meinem Leben gibt, die mich auf diesem Weg begleiten – wunderbar. Aber sie bestimmen ihn nicht.

Ich bin ein Mensch mit hoher Leistungsbereitschaft. Ja, vielleicht sogar ein Workaholic. Ich bin ehrgeizig, loyal, perfektionistisch. All das kann man mögen – oder es kann einem auf die Füße fallen.
Denn wenn diese Eigenschaften mit Ängsten kollidieren, entsteht etwas Explosives. Eine Mischung aus Erwartungsdruck, Selbstzweifel und Überforderung. Und irgendwann stehst du da – innerlich zerrissen – und weißt nicht mehr, wie du da rauskommst.

Für mich war es erst der komplette Zusammenbruch, der mich gezwungen hat, innezuhalten. Das berühmte Hamsterrad dreht sich weiter – bis man rausfliegt. Von allein springt man selten.
Und genau das ist das „Durchbrechen“: der Moment, in dem man erkennt, dass es so nicht weitergeht. Dass es anders werden muss. Dass man aufhören darf – und trotzdem weiterkommt.

Kapitel 10 – Das Abwarten, Aushalten & Verarbeiten in der eigenen Welt

Trotz Fortschritten, Medikamenten, Therapie, Rückhalt – es bleibt eine Achterbahnfahrt. Nicht mehr so heftig wie früher, nicht mehr so unkontrolliert. Aber sie ist noch da. Das Auf und Ab, das Wechselspiel der Zustände.

Mit der richtigen medikamentösen Unterstützung fühlt es sich manchmal eher wie ein Kinderkarussell an – langsamer, sanfter, weniger ruppig. Und trotzdem: Mal dreht es sich, mal bleibt es stehen. Mal geht es aufwärts, mal wieder abwärts.

Was mir auffällt: Das Wetter scheint eine größere Rolle zu spielen als gedacht.
Und das meine ich nicht esoterisch. Vielmehr beobachte ich, wie feinfühlig ich auf äußere Reize reagiere. Tageslicht, Temperatur, Luftdruck – all das beeinflusst meine Stimmung. Vielleicht liegt es an der Erkrankung. Vielleicht an den Medikamenten. Vielleicht an beidem.
Denn psychische Erkrankungen leben auch vom Detail. Vom sensiblen Wahrnehmen. Vom „Zuviel" und „Zuwenig" zugleich. Und wenn die Tagesform dann ohnehin schon wackelig ist, reicht ein grauer Himmel, um das Gleichgewicht zu kippen.

Manchmal dauert es bis in den späten Nachmittag, bis ich „in Gang" komme. Ich liege dann stundenlang wie gelähmt. Und irgendwann – oft ganz plötzlich – meldet sich

ein inneres Drängen: „Tu etwas! Bewege dich! Mach irgendetwas!“

Warum das so ist? Keine Ahnung. Vielleicht, weil mein Körper nicht mehr liegen kann. Vielleicht, weil das schlechte Gewissen zu laut wird. Vielleicht, weil ich irgendwann an den Punkt komme, an dem das Nichtstun mehr wehtut als das Tun.

Es ist ein fragiles Gleichgewicht. Zu viele Aufgaben überfordern. Zu wenige lähmen. Und dazwischen dieser schmale Grat, auf dem ich versuche zu balancieren.

Meine Routine hilft. Sie gibt mir Struktur in einem Leben, das oft formlos wirkt.

Morgens: aufstehen – manchmal vor dem Wecker. Kaffeemaschine an, Wasser trinken, Tabletten nehmen, Kaffee holen, raus auf die Terrasse, Zigarette. Hazel kommt dann meistens verschlafen dazu, mit wedelnder Rute und fragendem Blick. Und da ist er – dieser Moment von Ruhe. Von Verbindung. Von Leben.

Oft schreibe ich dann. Es ist die Zeit, in der meine Gedanken am klarsten sind. Vielleicht, weil ich aus den Träumen komme. Vielleicht, weil die Welt noch still ist. Vielleicht, weil ich da am wenigsten „funktionieren“ muss.

Und dann beginnt der Tag. Langsam. In Wellen. Mal besser, mal schlechter.

Ein schönes Wetter kann mich nach draußen ziehen – oder mich überfordern. Die Freude über Sonnenlicht kann zur Last werden, wenn ich merke, dass ich sie nicht genießen kann. Dann sitzt da dieses Gefühl: „Ich sollte glücklich sein – aber ich bin es nicht.“

Das ist eine Zwickmühle. Ein innerer Widerspruch. Der Wunsch, zu leben – und die Blockade, es nicht zu können. Und dann beginnt das Grübeln. Der Kampf zwischen Wunsch und Realität. Die Selbstzweifel. Die Negativspirale.

„Warum schaffst du das nicht?"
„Warum bist du so?"

Zwei innere Stimmen, die sich streiten. Keine davon ist hilfreich. Und doch sind sie da.
Aber es gibt auch andere Tage. Tage, an denen die Medikamente greifen. An denen die Schwere nachlässt. An denen ich wieder aufrecht stehe, mit offenem Blick. An denen ich nicht mehr weglaufe – sondern rausgehe.
In die Welt.
In meine Welt.

Kapitel 11 – Raus in die Welt

Und dann, plötzlich, ist er da – der Moment, in dem man es wagt: Rauszugehen.

Nicht nur aus der Wohnung. Sondern aus dem inneren Gefängnis. Aus dem ewigen Grübeln. Aus dem Rückzug. Aus dem Schatten.
Mit aufrechtem Gang. Mit einem Blick, der nicht nach unten zeigt, sondern nach vorne. Mit der Hoffnung, dass das, was da draußen ist, nicht gefährlich, sondern lebenswert sein kann.
Als hätte jemand den Graufilter entfernt. Die Farben kehren zurück. Die Gesichter wirken freundlicher. Die Welt scheint heller. Und du spürst: Es geht. Es geht wieder.

Dieses ständige, lähmende Gefühl – die Wachsamkeit, die Angst, das innere Rasen – all das ist plötzlich leiser. Nicht weg, aber leiser. Und das reicht manchmal schon, um durchzuatmen.
Du beginnst, Dinge wieder zu erleben, nicht nur zu ertragen.
Ein Einkauf fühlt sich nicht mehr wie eine Prüfung an. Ein Spaziergang ist keine taktische Mission mehr mit Fluchtplan. Du wirst wieder Teil des Ganzen – nicht nur Beobachter oder Vermeidender.

Das bedeutet nicht, dass alles gut ist. Es bedeutet nicht, dass die Angst besiegt ist. Aber du merkst:
Ich bin noch da.
Ich kann wieder fühlen.
Ich kann wieder Teilhaben.

Du richtest dich innerlich auf. Deine Haltung verändert sich. Du verlässt das geduckte, vorsichtige, angepasste Ich und begegnest der Welt wieder auf Augenhöhe.
Manchmal genügt ein kurzer Blick in den Spiegel, um zu spüren:
Da ist jemand zurückgekehrt.
Nicht der Mensch von „früher". Nicht der, der sich alles gefallen ließ, alles durchzog, alles aushielt. Sondern jemand Neues. Gezeichneter, aber bewusster. Verletzlicher, aber auch echter.
Und genau das ist der Weg: nicht zurück ins Alte, sondern vorwärts ins Eigene.

Kapitel 12 – Schlusswort & Lobeshymne

Und hier sind wir – am Ende dieses Buches. Aber nicht am Ende meines Weges. Vielleicht am Anfang von etwas Neuem. Vielleicht mittendrin. Aber auf jeden Fall weiter als zu Beginn.

Ich möchte mich bedanken.

Bei allen, die mich ermutigt haben, zu schreiben. Die mich bestärkt haben, offen zu sein. Die mir zugehört, mich begleitet, mich verstanden haben – oder es zumindest versucht haben.
Gerade eine Person möchte ich besonders hervorheben. Diese Person muss nicht namentlich genannt werden, sie kennt ihren Stellenwert. Vor allem auch abseits des Schreibens, an all den schweren Tagen, bietet er mir Rückhalt und agiert nie eigennützig. Ein stets hilfsbereiter und interessierter Mensch, ein Buddy im Guten, die Stütze im Schlechten.
Treiber, Unterstützer, Leser, Weggefährte und Lektor.

Schreiben war für mich nie Plan oder Ziel.
Es war Notwehr. Therapie. Ventil.
Ich wusste nicht, wohin mit all dem, was in mir tobt.
Also habe ich angefangen, es aufzuschreiben. Erst bruchstückhaft, dann zusammenhängend. Und irgendwann wurde daraus ein Buch. Dieses Buch.

Jeder Mensch geht seinen eigenen Weg. Dieser hier –
das war meiner. Und ist es immer noch.
Er ist holprig. Unbequem. Schmerzhaft.
Und vor allem: echt.

Wie sagte Konfuzius so treffend?
„Der Weg ist das Ziel.“
Das habe ich lange nicht verstanden. Heute schon.
Denn ohne diesen Weg – mit all seinen Rückschlägen,
Umwegen und Abgründen – wäre ich nicht der Mensch,
der ich heute bin. Und das Ziel? Vielleicht ist es genau
das: sich selbst zu begegnen.

Zwischen Angst und Hoffnung, Zweifel und Mut, Rückzug und Neubeginn hat sich meine Geschichte entfaltet.
Eine Geschichte, die nicht abgeschlossen ist. Die weitergeht. Die sich verändert. Und die – vielleicht – auch anderen etwas gibt.

Wenn du dieses Buch gelesen hast, dann danke ich dir.
Für deine Zeit. Für dein Interesse. Für dein Mitfühlen.

Und ich wünsche dir – aus tiefstem Herzen – den Mut,
deinen Weg zu gehen.

Denn wenn ich eins gelernt habe, dann das:
Es geht weiter. Immer.